Michael Prümer

Rating-Leitfaden für die Praxis

Michael Prümer

Rating-Leitfaden für die Praxis

Empfehlungen für den Umgang mit Banken

Mit Formularen und Checklisten

Bibliografische Information Der Deutschen Bibliothek
Die Deutsche Bibliothek verzeichnet diese Publikation in der Deutschen Nationalbibliografie;
detaillierte bibliografische Daten sind im Internet über <http://dnb.ddb.de> abrufbar.

ISBN-13: 978-3-322-87019-3   e-ISBN-13: 978-3-322-87018-6
DOI: 10.1007/978-3-322-87018-6

1. Auflage 2003

Alle Rechte vorbehalten
© Betriebswirtschaftlicher Verlag Dr. Th. Gabler/GWV Fachverlage GmbH, Wiesbaden 2003
Softcover reprint of the hardcover 1st edition 2003
Lektorat: Ulrike M. Vetter

www.gabler.de

Das Werk einschließlich aller seiner Teile ist urheberrechtlich geschützt. Jede Verwertung außerhalb der engen Grenzen des Urheberrechtsgesetzes ist ohne Zustimmung des Verlags unzulässig und strafbar. Das gilt insbesondere für Vervielfältigungen, Übersetzungen, Mikroverfilmungen und die Einspeicherung und Verarbeitung in elektronischen Systemen.

Die Wiedergabe von Gebrauchsnamen, Handelsnamen, Warenbezeichnungen usw. in diesem Werk berechtigt auch ohne besondere Kennzeichnung nicht zu der Annahme, dass solche Namen im Sinne der Warenzeichen- und Markenschutz-Gesetzgebung als frei zu betrachten wären und daher von jedermann benutzt werden dürften.

Umschlaggestaltung: Nina Faber de.sign, Wiesbaden

Vorwort

„Gefahr für den Mittelstand durch Basel II" – „In der Kredit-Klemme – Mittelständler kriegen kaum noch Kredite" – „Zwang zum Rating verteuert Kredite" – „Basel II: höhere Transparenz = höherer Formalismus der Banken" So oder ähnlich lauten die Schlagzeilen zur Diskussion um neue Eigenkapitalrichtlinien für Banken unter der zusammenfassenden Bezeichnung Basel II.

In der Öffentlichkeit ist Basel II zum Schlagwort für die – vermeintlich – neuen Ratingverfahren der Banken geworden. Als Konsequenzen werden allgemein angesehen, dass Banken sich in ihrer Kreditgewährung zurückhalten, sie die Konditionen verteuern und mehr Informationen von ihren Kreditnehmern erhalten wollen. Sind dies aber wirklich Konsequenzen von Basel II, und sind die Ratingverfahren der Banken wirklich neu?

Neu sind die Ratingverfahren tatsächlich nicht. Bereits Ende der 80er Jahre begannen die Großbanken damit, ihre bis dahin allein übliche, beschreibende Kreditbeurteilung durch die Einführung erster Ratings zu ergänzen. Oberstes Ziel war ein frühzeitigeres Erkennen verschlechterter Verhältnisse eines Kreditnehmers.

Sie sollten aber auch helfen, eine höhere Objektivität und vor allem eine verbesserte Gesamtauswertung des Risikos im Kreditportfolio einer Bank zu erlangen. In den 90ern wurden diese Verfahren verfeinert und die Erfahrungen mit ihnen ebenso für andere Risikofelder von Banken, den operationalen (d. h. den sonstigen Geschäfts-)Risiken, genutzt.

Ende der 90er Jahre entstand dann der Gedanke, die bereits bestehenden Eigenkapitalrichtlinien für Banken den veränderten Risiken und inzwischen veränderten internationalen Finanzierungsformen anzupassen und zu erneuern. Gleichzeitig sollten damit die vorhandenen, allerdings unterschiedlich weit gediehenen Erfahrungen mit Risikosteuerungssystematiken vereinheitlicht und standardisiert werden.

Obwohl eigentlich nur für international tätige Banken gedacht, ist die Erwartungshaltung jedoch, dass nationale Banken, wie Volksbanken und Sparkassen, die neuen Eigenkapitalrichtlinien ebenfalls für ihre Risikosteuerung anwenden. Sparkassen haben bereits seit einigen Jahren eine den Großbanken ähnliche Ratingsystematik, während Volksbanken – von den größeren Instituten abgesehen – diese in jüngster Zeit erst eingeführt haben oder damit beginnen.

Dies bedeutet, entweder Ihre Hausbank nutzt bereits Ratingverfahren oder befindet sich in einem Einführungsstadium. Auf keinen Fall warten aber Banken ab, bis die neuen Eigenkapitalrichtlinien gesetzlicher Bestandteil werden. Somit haben auch Mittelständler keine Zeit mit der Frage zu vergeuden, ob und wann Basel II kommt. Vielmehr besteht ein akuter Handlungsbedarf bereits seit längerer Zeit, der allerdings erst durch die öffentliche Diskussion um Basel II bewusst gemacht wurde.

Wenn aber Ratingverfahren, wie sie unter Basel II künftig genutzt werden sollen, bereits bestehen, sind sie dann nicht vielleicht auch der Auslöser für die von den Kreditnehmern bemerkten Veränderungen im Kreditgeschäft der Banken? Ich fürchte, dass es sich einfach um eine parallele Entwicklung handelt. Zeitgleich mit der Diskussion um Basel II gehen sich verschlechternde Konjunkturverhältnisse und vor allem ein sich zuspitzender, tief greifender Wandel in der Bankenlandschaft einher.

Letzterer ist auf die zunehmende Konkurrenz untereinander, den wachsenden Kostendruck, die Suche nach neuen Ertragsfeldern und eine geringere Kreditbereitschaft in einem schwächeren wirtschaftlichen Umfeld zurückzuführen. Da diese Entwicklungen und die Diskussionen um Basel II gleichzeitig in der Öffentlichkeit wahrgenommen wurden, entstand der Eindruck, Basel II oder die erst noch zu erwartenden Ratingverfahren seien Ursachen der verhaltenen Kreditbereitschaft der Banken.

Da aber Ratingverfahren bereits in den Banken genutzt werden, kommt es für Sie als Unternehmer darauf an, zu wissen

- was Banken beurteilen,
- wie sie zu ihren Urteilen gelangen
- und wo „Stolpersteine" liegen, die vermieden werden können.

In diesem Buch werden Antworten auf diese Frage gegeben, und mir ist bewusst, dass viele Passagen so klingen, als ob es ausschließlich darum ginge, wie Sie als Unternehmer sich auf die (veränderten) Anforderungen der Banken einzustellen hätten.

Beispielsweise wenn von Planzahlen die Rede ist, die Sie Ihrer Bank einreichen sollen. In erster Linie dienen aber Planzahlen Ihnen als Führer Ihres Unternehmensschiffes dazu, steuernd eingreifen zu können, wenn Sie erkennen, dass Ihr Schiff nicht mehr auf Kurs liegt. Auch ohne Planzahlen werden Sie vermutlich diese Erkenntnis haben. Aber eine Ursachenanalyse ist erst mit ihnen sinnvoll und möglich. Die Erstellung einer Planung sollte daher in erster Linie in Ihrem eigenen Interesse liegen.

Erst danach tritt der Nebeneffekt ein, diese Planzahlen – zusammen mit schriftlichen Erläuterungen – Ihrer Bank einzureichen. Damit nehmen Sie dann allerdings die Chance wahr, Ihr Rating sowohl in der Zukunftsbeurteilung als auch in den Kriterien der Managementqualifikation zu verbessern.

Die Ratingverfahren bieten Mittelständlern noch eine weitere, in meinen Augen wichtige Möglichkeit. Oftmals fühlen sie sich allein gelassen mit anstehenden Entscheidungen oder einer kritischen Betrachtung des bisherigen Geschäftsverlaufs. Die Diskussion über Ratingbeurteilungen mit der Bank und/oder anderen Beratern kann als Gelegenheit gesehen werden, Defizite mit kompetenten Gesprächspartnern zu besprechen und Korrekturen in die Wege zu leiten. Dafür haben große Firmen oder Konzerne Stabsabteilungen, und in vielen Meetings wird der Geschäftsverlauf analysiert und werden Entscheidungen getroffen.

Sich mit Ratingverfahren auseinander zu setzen, mögliche Schwachstellen zu erkennen und Maßnahmen zu ihrer Beseitigung umzusetzen, damit Sie als Unternehmer die von Ihnen gesetzten Ziele erreichen, das sind Intentionen dieses Buches. Nicht aber die Befriedigung der Anforderungen von Banken, denn die erfüllen Sie dann automatisch.

Noch ein Hinweis: Durchgängig ist in diesem Buch lediglich von Banken die Rede; damit sind zusammenfassend sowohl die Großbanken, Privatbanken, Volksbanken als auch die Sparkassen gemeint. Ferner erfolgen Betragsbezeichnungen zumeist mit T€ für Tausend Euro. Gelegentlich habe ich auch auf Währungsbezeichnungen verzichtet, wenn sie für das Verständnis nicht erforderlich waren.

Michael Prümer

Inhaltsverzeichnis

1 Die Eigenkapitalrichtlinien nach Basel II — 13
  1.1 Der Baseler Ausschuss für Bankenaufsicht — 13
  1.2 Basel I und seine Fortschreibungen — 14
  1.3 Notwendigkeiten einer Anpassung von Basel I — 15
  1.4 Die drei Säulen nach Basel II — 16
    1.4.1 Mindestkapitalanforderungen — 17
      1.4.1.1 Der Standardansatz — 18
      1.4.1.2 Die beiden internen Ansätze — 19
      1.4.1.3 Vergleich der Eigenkapitalberechnungen — 19
    1.4.2 Bankaufsichtsrechtlicher Überprüfungsprozess — 20
    1.4.3 Erweiterte Offenlegungspflichten für Banken — 21
  1.5 Notwendigkeiten der Risikosteuerung in Banken — 22
    1.5.1 Der Risikoaspekt — 23
    1.5.2 Der Kostenaspekt — 24
    1.5.3 Der Ertragsaspekt — 25
    1.5.4 Auswirkungen für mittelständische Unternehmen — 26

2 Drei Arten von Ratingverfahren — 29
  2.1 Externes Rating — 29
  2.2 Internes Rating — 30
  2.3 Wahl zwischen externem und internem Rating? — 31
  2.4 Notenbankfähigkeit — 32

3 Praxis des Bankenrating — 35
  3.1 Wann wird das Ratingverfahren durchgeführt? — 36
  3.2 Wie ist ein Ratingverfahren aufgebaut? — 39
    3.2.1 Die drei Beurteilungsgruppen — 40
    3.2.2 Der Kundenrisikograd — 41
    3.2.3 Engagementrisikograd und Ausfallwahrscheinlichkeit — 42

4 Ein Ratingformular — 45
  4.1 Muster eines Ratingformulars — 45
  4.2 Erläuterungen zum Formular und den Gewichtungen — 46

5 Die Kriterien der drei Beurteilungsgruppen — 49
  5.1 Managementqualifikation — 49
    5.1.1 Management — 50
      5.1.1.1 Unternehmenskonzept — 50
      5.1.1.2 Führungsqualität — 52
      5.1.1.3 Nachfolgeregelungen — 54
    5.1.2 Rechnungswesen — 55

	5.1.3	Beziehungen zur Bank		57
		5.1.3.1	Dauer der Kundenbeziehung	58
		5.1.3.2	Kontoführung	58
		5.1.3.3	Einhaltung vereinbarter Kreditlinien	59
		5.1.3.4	Informationsverhalten	60
		5.1.3.5	Einhalten von Absprachen	62
		5.1.3.6	Vorkommen von Negativmerkmalen (Warnsignale)	63
5.2	Vergangenheitsanalyse			64
	5.2.1	Exkurs: Wie Banken finanzielle Verhältnisse analysieren		64
	5.2.2	Ertragsverhältnisse		66
	5.2.3	Bilanzverhältnisse		70
		5.2.3.1	Eigenkapital	70
		5.2.3.2	Liquidität	72
		5.2.3.3	Finanzstruktur	73
5.3	Beurteilung der Zukunft			75
	5.3.1	Zeitnähe der Informationen		76
	5.3.2	Aktuelle Entwicklung		77
		5.3.2.1	Zwischenzahlen	78
		5.3.2.2	Zukunftsaussichten	79
	5.3.3	Exkurs: Planzahlen		81
		5.3.3.1	Ertragsplanung	81
		5.3.3.2	Liquiditätsplanung	83
	5.3.4	Umfeld des Kreditnehmers		86
		5.3.4.1	Stärke im Markt	86
		5.3.4.2	Abhängigkeiten	87
		5.3.4.3	Risiken	89
	5.3.5	Branchenverhältnisse		90
5.4	Die Ermittlung des Kundenrisikogrades			91

6 Die Beurteilung der Sicherheitenposition — 93

6.1	Nicht bewertbare Sicherheiten		94
	6.1.1	Die Bürgschaft	94
	6.1.2	Die Negativerklärung	95
	6.1.3	Die Darlehnsbelassungserklärung mit Rangrücktritt	96
6.2	Bewertbare Sicherheiten		98
	6.2.1	Pfandrechte	99
	6.2.2	Grundpfandrechte	100
	6.2.3	Sicherungsübereignungen	101
	6.2.4	Sicherungsabtretungen	102
6.3	Privat gestellte Sicherheiten		104
	6.3.1	Exkurs: Lebensversicherungen als Tilgungsersatz	107
6.4	Gleichbehandlung		108
6.5	Einfluss der Sicherheiten auf das Rating		110

7	**Reaktion auf das Rating**	**117**
	7.1 Das Gespräch mit der Bank	117
	7.2 Die Aufgabe Ihres Beraters	119
	7.3 Einflussmöglichkeiten auf die Eigenkapitalquote	120
8	**Zehn Empfehlungen**	**125**
9	**Belastung oder Bereicherung für Ihr Unternehmen?**	**131**
	Anhang	**135**
	Literaturhinweise	**150**
	Stichwortverzeichnis	**153**
	Der Autor	**156**

1 Die Eigenkapitalrichtlinien nach Basel II

1.1 Der Baseler Ausschuss für Bankenaufsicht

Die Zentralbanken in Deutschland, Frankreich, Großbritannien Belgien, Italien und Japan gründeten 1930 als gemeinsames Tochterunternehmen in Basel die Bank für Internationalen Zahlungsausgleich (BIZ). Aufgabe der Bank war es, zunächst die deutschen Reparationszahlungen des ersten Weltkrieges und die damit verbundenen Anleihegeschäfte durchzuführen.

Nach dem Zweiten Weltkrieg entwickelte sich die BIZ weltweit zu einem Forum für die Verständigung zwischen den Zentralbanken und zu einer Bank für die Zentralbanken. Daneben ist sie auch als Treuhänder für internationale Finanztransaktionen tätig und dient der Forschung in Währungs- und Wirtschaftsfragen.

Heute sind 49 Zentralbanken an der BIZ beteiligt, die über eine Bilanzsumme von rund 150 Mrd. US-Dollar verfügt. 130 Zentralbanken unterhalten Einlagen bei der BIZ, die nach wie vor ihren Hauptsitz in Basel, Schweiz, hat.

Im Dezember 1974 wurde am Sitz der BIZ der Baseler Ausschuss für die Bankenaufsicht gegründet. Seine Aufgabe ist es, die Zusammenarbeit und Kommunikation der Zentralbanken untereinander zu fördern. Wichtigstes Anliegen des Ausschusses ist es, weltweit eine effiziente, möglichst einheitliche Bankenaufsicht zu schaffen und damit die Stabilität des internationalen Bankenwesens sicherzustellen.

Hierzu wurden erstmals 1988 Eigenkapitalanforderungen für Banken und Grundsätze für eine einheitliche Messung der Eigenkapitalberechnung aufgestellt, die Anfang der 90er Jahre in die gesetzlichen Regelungen von über 100 Ländern eingegangen sind. 1992 legte der Ausschuss auch die Anforderungen an die Aufsicht über internationale Bankkonzerne fest.

Seit 1999 läuft ein Konsultationsverfahren mit dem Ziel, die Eigenkapitalanforderungen von 1988 den veränderten weltwirtschaftlichen Rahmenbedingungen anzupassen. Der Ausschuss will damit aber auch die Regelungen ändern, um unterschiedliche Kreditnehmergruppen in den Banken sowie deren individuelle Bonitäten zu berücksichtigen.

1.2 Basel I und seine Fortschreibungen

Bis zum Ende der 80er Jahre gab es weltweit keine einheitlichen Standards für die Kreditvergabe der Banken in Abhängigkeit von der Höhe des Eigenkapitals. Für Deutschland hatte erstmals 1969 das Bundesaufsichtsamt für das Kreditwesen in den Grundsätzen zum Eigenkapital und der Liquidität festgelegt, dass die Kredite eines Kreditinstitutes das 18fache des haftenden Eigenkapitals nicht übersteigen dürfen.

Mit den ersten Eigenkapitalgrundsätzen des Baseler Ausschusses wurde 1988 eine ähnliche, lediglich quantitative Bindung der Kredite an das Eigenkapital vereinbart. Danach waren unabhängig von Bonitäten und Kreditnehmergruppen pauschal 8 Prozent jedes Kredites durch Eigenkapital eines Kreditinstitutes zu unterlegen. Dies bedeutete umgekehrt, dass die Kreditvergabe auf das 12,5fache des Eigenkapitals begrenzt wurde.

Um die Einführung der Grundsätze zu vereinfachen und deren Akzeptanz zu erhöhen, hatte der Baseler Ausschuss bewusst auf qualitative Kriterien verzichtet. Die Handhabung sollte so einfach wie möglich sein, war doch allein die Berechnung des haftenden Eigenkapitals schon komplex genug.

Ausnahmen wurden lediglich für Banken und staatliche Kreditnehmer vorgesehen, die noch nach ihrer Zugehörigkeit zur OECD (Organisation für wirtschaftliche Entwicklung und Zusammenarbeit; Zusammenschluss der wichtigsten westlichen Industrienationen) unterschieden wurden. So konnten Kredite an staatliche Kreditnehmer aus OECD-Ländern theoretisch in unbegrenzter Höhe vergeben werden.

Da die Baseler Übereinkunft keine juristische Bindung darstellte, mussten die beteiligten Länder die notwendigen Gesetzesänderungen vornehmen. So wurde 1992 in Deutschland mit der vierten Novellierung des Kreditwesengesetzes (KWG) die Neufassung der Grundsätze zum Eigenkapital umgesetzt. Auch wenn die Baseler Übereinkunft eigentlich nur für international tätige Banken vorgesehen war, so ist sie inzwischen jedoch durch die gesetzlichen Regelungen in mehr als 100 Ländern für weitgehend alle Kreditinstitute gültig.

Ergänzt wurde die ursprüngliche Regelung 1996 durch die Einbeziehung von Marktpreisrisiken in die Eigenkapitalbetrachtung. Darunter sind Zinsänderungs-, Kurs- und Währungsrisiken zu verstehen, die nicht oder nur bedingt aus den Bilanzen der Kreditinstitute (Options-, Swap- und Termingeschäfte) zu entnehmen sind. Gleichzeitig wurden für die Steuerung der Marktpreisrisiken erstmals die bereits bestehenden internen Methoden zur Messung des Risikos der Kreditinstitute berücksichtigt. Voraussetzung hierfür war allerdings, dass die jeweils zuständige Bankaufsicht diese Methoden für zulässig erklärt hat.

Bewusst wurde hier auf eine pauschale Bindung der Höhe dieser Risiken an das Eigenkapital der Banken verzichtet. Und im Unterschied zur Begrenzung der Kreditvergabe gelang erstmals eine individuelle Berücksichtigung unterschiedlicher Risiken.

Die Konsequenzen fehlender qualitativer Kriterien in der Eigenkapitalberechnung für das Kreditgeschäft werden deutlich, wenn man bedenkt, dass die Kreditgewährung an den hochverschuldeten, mexikanischen Staat als OECD-Mitglied unbegrenzt möglich war. Die Kredite an eine bonitätsmäßig einwandfreie Bank wie die Hongkong and Shanghai Banking Corporation (HSBC) aufgrund ihres damaligen Firmensitzes in Hongkong waren jedoch auf das 12,5fache des Eigenkapitals einer kreditgebenden Bank beschränkt.

Derartige Auswirkungen zusammen mit wirtschaftlichen und finanzpolitischen Veränderungen in den 90er Jahren führten 1999 dazu, die Eigenkapitalgrundsätze zu überdenken und fortzuschreiben. Diese geplante Fortschreibung wurde sehr bald unter dem Namen Basel II bekannt.

1.3 Notwendigkeiten einer Anpassung von Basel I

Der Grundgedanke von Basel I lag in der Verknüpfung von Kreditrisiken an das Eigenkapital, das als Risikopuffer für Ausfälle im Kreditgeschäft dienen muss. Hierfür gab es nur einen einzigen Ansatz, die 8-prozentige Unterlegung des Kreditgeschäftes durch Eigenkapital. Mit der Konzentration lediglich auf das Kreditgeschäft – andere Risiken wurden erst 1996 berücksichtigt – gab es nur ein einziges Risikomaß. Insgesamt war die Ermittlung des notwendigen Eigenkapitals damit nur sehr grob und nicht vollständig.

In den letzten 20 Jahren haben sich die Volkswirtschaften weltweit fortentwickelt und sind im Rahmen der Globalisierung enger miteinander verbunden. Die hierfür erforderlichen Finanzsysteme sind immer komplexer geworden, und viele neue Finanzierungsformen, die teilweise außerhalb der Bankbilanzen verbucht sind, sind in den Berechnungen nach Basel I nicht enthalten.

Gleichzeitig haben Banken für die bestehenden und die neuen Finanzierungsformen interne Methoden entwickelt, um ihre Risiken hieraus ermitteln zu können. Auch für das Kreditgeschäft wurde mit Einführung von Ratingverfahren Anfang der 90er Jahre eine verfeinerte Betrachtung der speziellen Risiken einzelner Kreditnehmer ermöglicht.

Die alte Eigenkapitalvereinbarung von 1988 – Basel I – war zu starr, als dass die neuen Finanzierungsformen, die Globalisierung und die inzwischen eingeführten, internen Instrumente zur Risikosteuerung hätten berücksichtigt werden können. Hinzu kam aber noch ein anderer Aspekt. Ausreichend Eigenkapital für mögliche Risiken vorzuhalten, reicht allein nicht aus. Vielmehr bedarf es auch der Fähigkeit, Risiken zu erkennen und sie zu managen.

Um diesen Ansprüchen gerecht zu werden, soll die neue, als Basel II bezeichnete Eigenkapitalvereinbarung auf die bankinternen Systeme zurückgreifen. Hierzu werden Methoden zur Berechnung der Mindestkapitalanforderungen vorgeschlagen. Im Rahmen eines bankaufsichtsrechtlichen Überprüfungsprozesses soll das Risikomanagement der Banken geprüft werden. Und durch erweiterte Offenlegungspflichten sollen Banken zur Einhaltung einer Marktdisziplin bewogen werden.

Ferner sollen die Vorschläge des Baseler Ausschusses einen flexibleren Umgang in der Berücksichtigung aller Risiken ermöglichen. Mit der Möglichkeit, aus verschiedenen Ansätzen zur Eigenkapitalberechnung auszuwählen, sollen Anreize geschaffen werden, das Risikomanagement in den Banken kontinuierlich zu verbessern. Und letztlich soll durch die Berücksichtigung individueller Risiken eine deutlich verfeinerte Erfassung des Risikoprofils einer Bank ermöglicht werden.

Die individuellen Risiken im Kreditgeschäft zu messen, heißt nichts anderes, als die Bonität jedes einzelnen Kreditnehmers zu beurteilen. Die internen Methoden, diese Risiken zu ermitteln, sind die in den Banken seit längerem gebräuchlichen Ratingverfahren. Mit ihrer Hilfe werden Kreditnehmer in Gruppen einklassifiziert, denen ein bestimmtes geringes bis hohes Risiko entspricht.

Alle Überlegungen des Baseler Ausschusses dienen der internen Risikosteuerung und Risikoermittlung in Kreditinstituten. Zunächst haben sie keine Auswirkungen auf die Kunden der Banken, sondern dienen ausschließlich der Sicherung des Kreditwesens durch die Ermittlung einer risikoadäquaten Eigenkapitalhöhe. Hiervon eine Ausnahme bildet jedoch die Nutzung der Ratingverfahren, in denen das individuelle Risiko der Kreditkunden in das Rampenlicht der Eigenkapitalberechung gestellt wird.

1.4 Die drei Säulen nach Basel II

Eine der wichtigsten Überlegungen in den ersten Diskussionen zu Basel II war, dass den Risiken einer Bank nicht nur durch eine ausreichende Eigenkapitalunterlegung zu begegnen ist. Vielmehr muss auch die Fähigkeit einer Bank hinzukommen, diese Risiken zu steuern und die Geschäftspolitik so auszurichten, dass das Eigenkapital auch tatsächlich einen Puffer für erwartete Ausfälle darstellt.

Hierzu haben eine Reihe von Banken Steuerungsinstrumente entwickelt, die auf der Basis von Vergangenheits- und damit Erfahrungswerten die Wahrscheinlichkeiten von möglichen Ausfällen unterschiedlicher Risiken schätzen. Diese Instrumente helfen, das Kreditgeschäft, aber auch die unter dem Begriff operationale Risiken zusammengefassten Problemfelder der Banken zu steuern.

Mit dem ersten Konsultationspapier schlug der Baseler Ausschuss drei Säulen für ein neues Risikomanagement vor. Die erste Säule besteht aus den **Mindestkapitalanforderungen** für das operationale und das Kreditrisiko. Dazu sollen jeweils drei Berechnungsmethoden vorgesehen werden, um – mit unterschiedlich hohem Aufwand – das individuelle Risikoprofil einer Bank zu ermitteln.

Ferner werden im Rahmen eines **bankaufsichtsrechtlichen Überprüfungsprozesses** Grundsätze aufgestellt, nach denen die Bankenaufsicht die Steuerungsinstrumente der Kreditinstitute überprüft. Mit der dritten Säule, der Marktdisziplin, will der Ausschuss erreichen, dass durch eine **erweiterte Offenlegungspflicht** alle Marktteilnehmer – Kunden, Aktionäre und andere Banken – einen besseren Einblick in die Risikopolitik einer Bank erhalten.

Insgesamt verfolgt der Ausschuss folgende Ziele:

1. Förderung der Stabilität des internationalen Finanzwesens unter Beibehaltung einer mindestens auf dem derzeitigen Stand liegenden Eigenkapitalausstattung der Banken.
2. Förderung der Wettbewerbsgleichheit durch Gültigkeit der Regeln für alle international tätigen Banken.
3. Anwendbarkeit auch für nicht international tätige Banken.
4. Umfassende und angemessene Behandlung der verschiedensten Risiken einer Bank und Berücksichtigung der für jedes einzelne Institut speziellen Risikosituation.

Im Rahmen des erstgenannten Zieles will der Ausschuss insbesondere an der mit Basel I eingeführten Vereinbarung einer insgesamt zumindest 8-prozentigen Eigenkapitalunterlegung festhalten.

1.4.1 Mindestkapitalanforderungen

Die operationalen Risiken definiert der Baseler Ausschuss als „die Gefahr von unmittelbaren oder mittelbaren Verlusten, die infolge der Unangemessenheit oder des Versagens von internen Verfahren, Menschen und Systemen oder von externen Ereignissen eintreten". Das sind Risiken, die eine Bank dadurch eingeht, weil sie ihre Geschäfte betreibt.

So können Verluste durch Veränderungen von Zinsen (z. B. bei Festzinskrediten, die auf variabler Basis refinanziert wurden), Kursen (Währungskurse, Aktienkurse) oder Preisen (Warentermingeschäfte) eintreten. Aber auch das menschliche Risiko, das durch persönliche Fehlentscheidungen ebenso wie durch betrügerische Manipulationen zu Verlusten führen kann, wird hier berücksichtigt. Letztlich sind die entstehenden Verluste aus Computerproblemen ebenso ein Risiko des Geschäftsbetriebs einer Bank.

Der Baseler Ausschuss bietet den Banken drei Möglichkeiten an, die eine Berechnung der Mindestkapitalanforderungen für operationale Risiken ermöglichen. Im **Basisindikatoransatz** wird extern, d. h. durch die Bankenaufsicht, ein Prozentsatz eines Indikators, der das Risiko der Bank wiedergeben soll, festgelegt.

Dieser Indikator könnte beispielsweise der Betrag der gesamten Bruttoerträge sein. Dabei wird angenommen, dass die Höhe der Erträge den Umfang der Geschäftstätigkeit ausdrückt und das operationale Risiko hierzu in einer festen Relation steht. Mindestens in Höhe des festgelegten Prozentsatzes der Bruttoerträge hätte dann eine Bank Eigenkapital für die operationalen Risiken nachzuweisen.

Im **Standardansatz** wird es Banken ermöglicht, für unterschiedliche Geschäftsfelder (Privatkunden-, Firmenkunden-, Wertpapiergeschäft usw.) verschiedene Indikatoren und Prozentsätze festzulegen, um so eine Differenzierung der operationalen Risiken vorzunehmen. Die Addition der so ermittelten, einzelnen Risikobeträge einzelner Geschäftsfelder ergibt die Höhe der Eigenkapitalunterlegung.

Banken, die darüber hinausgehende, noch strengere Kriterien der Bankenaufsicht erfüllen, dürfen drittens in einem **fortgeschrittenen Ansatz** gegenüber dem Standardansatz weitergehende Verfeinerungen vornehmen., um noch genauere Berechnungen durchzuführen.

Die Überlegung des Baseler Ausschusses für diese drei Berechnungsansätze ist auf der einen Seite, die schwierige Schätzung möglicher geschäftlicher Risiken (wie soll man den Schaden aus Betrug in der Zukunft ermitteln?) einfach und dennoch effizient vorzunehmen. Andererseits soll den Banken, die über genauere Verfahren zur Risikoermittlung verfügen, ermöglicht werden, ihr Risikoprofil so exakt wie möglich zu ermitteln. Aus der verfeinerten Risikoberechnung erwartet der Baseler Ausschuss niedrigere Eigenkapitalanforderungen. Daher wird auch eine Untergrenze für das Eigenkapital festgelegt werden.

Wie für das operationale Risiko schlägt der Ausschuss auch für das Kreditrisiko drei qualitativ unterschiedliche Ansätze vor, die im Folgenden dargestellt werden. Neben dem so genannten Standardansatz wird ein interner Ansatz möglich, der in seiner fortgeschrittenen Form eine weiter verfeinerte Risikobetrachtung gestattet. Sie sind die Ursache für die Diskussionen um Basel II, denn hieraus resultieren die Bonitätsbeurteilungen und damit die befürchteten Auswirkungen auf den Mittelstand.

1.4.1.1 Der Standardansatz

Im Standardansatz wird im Unterschied zu Basel I nun zwischen verschiedenen Kreditnehmern – Staaten, Banken, Unternehmen und Privatpersonen – differenziert. Allein damit gelingt schon eine genauere Betrachtung des Risikoprofils einer Bank, die mit der Einführung von vier Risikogewichtungsklassen für jede Kreditnehmergruppe fortgesetzt wird.

Ausgehend von der einzigen Klasse unter Basel I, die eine Unterlegung in Höhe von 8 % der Kredite gefordert hat, wird für einwandfreie Bonitäten eine 1,6-prozentige, für noch über Durchschnitt liegende eine 4-prozentige und für sehr schlechte eine 12-prozentige Unterlegung durch Eigenkapital gefordert. In der vierten, wenn man so will, der einzigen bisherigen Klasse bleibt es bei 8 %, die für durchschnittliche Bonitäten und als Minimum für nicht in ihrer Bonität bewertete Kreditnehmer vorgesehen ist.

Der Vollständigkeit halber ist darauf hinzuweisen, dass die Klassen vom Baseler Ausschuss anders quantifiziert werden. Dort werden die Klassen mit 20 %, 50 %, 100 % und 150 % bezeichnet. Diese Prozentsätze beziehen sich auf die 8 %-Regel aus Basel I. Um nicht von 20 % der bisherigen 8-prozentigen (=1,6 %) Unterlegung zu sprechen, sind diese Klassen entsprechend ihrem Sinn umgerechnet.

Die Bonitätsbewertung im Standardansatz soll von Bankfremden, somit durch **externe Rating-Agenturen**, vorgenommen werden. Dies ist insbesondere für die Banken, die nicht über eigene Bewertungsverfahren verfügen, eine einfache und dennoch gegenüber der alten Regelung verfeinerte Risikobetrachtung. An die Rating-Agenturen werden bestimmte Anforderungen gestellt, um eine ausreichend hohe Qualität der Beurteilungen zu gewährleisten. Unter anderem müssen genügend Vergangenheitsdaten vorliegen. Politische und wirtschaftliche Unabhängigkeit müssen ebenso gegeben sein wie Transparenz des Bewertungsverfahren und der Bewertungsergebnisse. Ob die für die Anerkennung erforderlichen Kriterien erfüllt sind, wird von der Bankenaufsicht geprüft.

1.4.1.2 Die beiden internen Ansätze

In den beiden internen Ansätzen wird das Ziel verfolgt, eine Bank solle durch eigene, **interne Bonitätsbewertungsverfahren** zu einem über den Standardansatz hinausgehenden, genauerem Abbild ihres Risikoprofils gelangen. Daher werden hier auch die Kreditnehmer weiter aufgeteilt als im Standardansatz. So wird unterschieden zwischen Staaten, Banken, Unternehmen, Privatpersonen, Projektfinanzierungen und Beteiligungen. Banken, die auf diese internen Ansätze zurückgreifen wollen, müssen gegenüber der Bankenaufsicht nachweisen, dass sie bestimmte Mindestanforderungen erfüllen. Mit ihnen wird festgestellt, ob sie über qualitativ genaue Systeme für das Risikomanagement verfügen und damit ein aussagekräftiges, eigenes Risikoprofil ermitteln können.

Die internen Ansätze unterscheiden sich lediglich hinsichtlich der Ermittlung zur Berechnung notwendiger Risikokomponenten. Im **internen Basisansatz** werden mit Ausnahme der Ausfallwahrscheinlichkeit der Kreditnehmer, die eine Bank selbst ermitteln muss, die übrigen Komponenten von der Bankenaufsicht vorgegeben. Im **fortgeschrittenen Ansatz** werden auch die übrigen Komponenten, z. B. Verlusthöhe, Zeitpunkt des Ausfalls, Restlaufzeit der Kredite, von der Bank selbst ermittelt. Die für die Berechnung erforderlichen Formeln und Verfahrensweisen sollen hier nicht erläutert werden, da sie lediglich in der bankinternen Praxis eine Rolle spielen.

In beiden Fällen schätzen Banken ihre Kreditnehmer mit Hilfe interner Ratingmethoden ein und ordnen sie jeweils einem bestimmten Risikograd zu. Für jeden einzelnen Risikograd werden statistisch anhand von Vergangenheitsdaten Verlustwahrscheinlichkeiten ermittelt. Der Begriff Verlustwahrscheinlichkeit meint, welcher prozentuale Anteil an der gesamten Höhe der Kredite eines bestimmten Risikograds in einem vorgegebenen Zeitraum, meist ein Jahr, zu Verlusten führen wird. Die erwarteten, absoluten Verlustbeträge für alle Risikograde werden addiert und ergeben den Betrag, für den eine Bank Eigenkapital vorhalten muss.

1.4.1.3 Vergleich der Eigenkapitalberechnungen

In der folgenden Tabelle sind die Prozentsätze aufgeführt, die in den unterschiedlichen Ansätzen zur Unterlegung von Krediten durch Eigenkapital anzusetzen sind. Dabei sind die beiden internen Ansätzen nicht getrennt dargestellt, da sie sich zwar im Betrag, jedoch nicht in der deutlichen Differenz zum Standardansatz unterscheiden.

Die Prozentsätze für den internen Ansatz sind beispielhaft gewählt, da sie für die Bankengruppen unterschiedlich sind und sich im Zeitablauf ändern. Die Aussage zum Risikograd AAA – Kredite an außerordentlich gut bewertete Kreditnehmer – lautet in diesem Beispiel, dass die Bank in Höhe von 0,15 % des hier eingeordneten Kreditvolumens einen Ausfall erwartet. Hierfür hat sie 0,15 % dieses Kreditvolumen durch Eigenkapital zu unterlegen.

Vergleich der prozentualen Eigenkapitalunterlegung (Zuordnung zu den Risikoklassen und Prozentsätze des internen Ansatzes willkürlich gewählt)				
Risikoklassen	**Basel I**	**Standardansatz**		**interner Ansatz**
		Basel II	umgerechnet	
AAA	8 %	20 %	1,6 %	0,15 %
AA	8 %	20 %	1,6 %	0,30 %
A	8 %	50 %	4 %	0,45 %
BBB	8 %	50 %	4 %	2,00 %
BB	8 %	50 %	4 %	6,00 %
B	8 %	100 %	8 %	9,00 %
CCC	8 %	100 %	8 %	13,50 %
CC	8 %	100 %	8 %	23,60 %
C	8 %	150 %	12 %	34,60 %
D	8 %	150 %	12 %	53,00 %
(Die Bezeichnungen der Risikoklassen entsprechen dem in diesem Buch verwendeten Schema)				

Abbildung 1: Vergleich der prozentualen Eigenkapitalunterlegung

Die Tabelle zeigt, wie stark die Anforderungen an die Eigenkapitalunterlegung bereits im Standardansatz, erst recht aber im internen Ansatz zurückgehen. Umgekehrt erhöhen sie sich mit der Verschlechterung der Bonität extrem. Gleichzeitig wird erkennbar, wie grob und oberflächlich die bisherige Berechnung nach Basel I gewesen ist.

Ferner wird deutlich, dass für einen Kreditnehmer bereits die Verbesserung um einen Ratinggrad erhebliche Auswirkungen auf die Eigenkapitalkosten seiner Bank hat.

1.4.2 Bankaufsichtsrechtlicher Überprüfungsprozess

Bislang meldeten die Banken lediglich die für die Eigenkapitalberechnung erforderlichen Zahlen an die Bankenaufsicht. Mit Basel II wird das Verfahren erweitert und dient der Einhaltung und Verbesserung der Risikosteuerungssysteme. Hierzu prüft die Bankenaufsicht, ob Banken

— in der Lage sind, ihre Risiken zu erkennen,

- sie mit entsprechender Genauigkeit zu messen
- und entsprechend diesem Ergebnis das erforderliche Eigenkapital vorhalten.

Der Bankenaufsicht wird es in Einzelfällen ermöglicht, einem Kreditinstitut, bei dem erhebliche Defizite in der Risikoüberwachung festgestellt werden, Auflagen zu erteilen, die über die Baseler Vorschläge hinausgehen. Dies kann insbesondere bedeuten, dass die Eigenkapitalunterlegungen für die einzelnen Risikograde angehoben werden oder dass das Kreditinstitut weiteres Eigenkapital zur Abdeckung der Risiken bereitstellen muss.

Konsequenzen des Überprüfungsprozesses sind:

- Ein engerer Dialog zwischen Banken und Bankenaufsicht wird erforderlich.
- Die personellen und materiellen Ressourcen der Bankenaufsichten müssen erweitert werden.
- Eine weltweit erforderliche Harmonisierung der Aufsichtsbehörden wird zunehmend angestrebt.

Hierfür hat der Baseler Ausschuss den Bankenaufsichtsbehörden Unterstützung angeboten, womit im Übrigen auch die Harmonisierung gesteuert werden kann.

1.4.3 Erweiterte Offenlegungspflichten für Banken

Mit der dritten Säule will der Baseler Ausschuss die Banken zur konsequenten Einhaltung ihrer Risikosteuerung durch eine größere Markttransparenz motivieren. Sind die Kunden, Anleger und Geschäftspartner einer Bank über deren Risikomanagement informiert und können es dank der notwendigen Informationen beurteilen, wird ein gutes Handling von Risiken durch Vertrauen belohnt. Ein zu risikoreiches Verhalten wird hingegen bestraft, z. B. durch Anleger, die nicht mehr bereit sind, weiterhin Anteile einer Bank zu halten, an deren Kapitalerhöhungen teilzunehmen oder überhaupt dort Spar- oder sonstige Einlagen zu unterhalten.

Die Baseler Vorschläge sehen für vier Schlüsselbereiche Offenlegungspflichten vor:

- Welche Risiken wurden eingegangen und wie werden sie gesteuert?
- Wie wird die neue Eigenkapitalverordnung angewandt?
- Wie sieht die Eigenkapitalstruktur aus?
- Wie hoch ist die Eigenkapitalausstattung?

Antworten auf diese Fragen müssen nicht alle Banken mit der gleichen Häufigkeit und im gleichen Umfang geben. Regionalbanken können hierüber in einem jährlichen Rhythmus berichten, sofern ihr Risikoprofil nicht Anlass zur Sorge bereitet. Abhängig von den Besonderheiten des jeweiligen Geschäftes kann sich auch der Umfang hinsichtlich zusätzlicher, ergänzender Angaben oder Beschränkung auf die wesentlichsten Informationen unterscheiden. Dabei geht der Baseler Ausschuss davon aus, dass insbesondere international tätige, aber auch große nationale Banken von dem vollen Umfang der Offenlegungspflichten im Sinne einer Vertrauensbildung bei Kunden und Anlegern Gebrauch machen werden.

1.5 Notwendigkeiten der Risikosteuerung in Banken

In den vergangenen Jahrzehnten sind immer wieder Fälle von erheblichen Problemen bei Banken in der Öffentlichkeit bekannt geworden, die zumeist auch die jeweilige Bankenaufsicht und den Gesetzgeber zum Handeln gezwungen haben. Ein Beispiel hierfür ist der Zusammenbruch der Herstatt-Bank in den 70er Jahren mit den Folgen eines erheblichen Vertrauensverlustes in das deutsche Bankwesen. Als Reaktion hierauf entstand der Einlagensicherungsfonds, der Anleger vor Bankinsolvenzen schützt.

Wie eine Bank durch Manipulationen an den Rand des Ruins geraten kann, hat der Fall der Baring-Bank (Spekulationsgeschäfte eines einzelnen Mitarbeiters) in den 90er Jahren gezeigt. Und die beiden jüngsten Fälle in Deutschland, die Schmidt-Bank und die Gonthard-Bank, haben ihre Ursachen ebenfalls in einem zu risikoreichen Kreditgeschäft bzw. einer zu starken Geschäftsausrichtung auf risikobehaftete Teilnehmer am Neuen Markt.

Die schon erwähnten neuen Finanzierungsformen haben zudem die Überschaubarkeit der Risiken in den Banken auch für Aufsichtsbehörden erschwert, erst recht für Außenstehende. Insofern sind die Überlegungen des Baseler Ausschusses, die bislang nur quantitativen Regelungen, durch neue, qualitativ orientierte Maßnahmen zu ergänzen und damit für eine adäquate, d. h. den Risiken entsprechende Eigenkapitalausstattung zu sorgen, zu begrüßen.

Letztlich sind die Baseler Vorschläge aber nur ein Nachzeichnen einer bereits seit längerem in den Banken festzustellenden Entwicklung. Aktionären, Gesellschaftern oder Gewährsträgern das eigene Geschäftsgebaren gegenüber zu verantworten, hatte dazu geführt, vorhandene Risikosteuerungsmechanismen weiterzuentwickeln und zu verfeinern. Hierfür ist aber nicht allein nur der **Risikoaspekt** verantwortlich. Vielmehr haben in den letzten Jahren auch der zunehmende **Kosten-** und **Ertragsdruck** die Banken bewogen, das Risikomanagement immer weiter zu verbessern.

Die folgenden Betrachtungen eines Teils der Veränderungen in der Bankenwelt sollen allerdings auf die Kreditrisiken beschränkt werden. Die übrigen operativen Risiken berühren nicht das Kreditgeschäft und die hierfür inzwischen entwickelten Ratingverfahren. Für mittelständische Unternehmer spielen sie allenfalls dann eine Rolle, wenn sie sich für die Solidität ihres Kreditinstitutes interessieren.

1.5.1 Der Risikoaspekt

Was bedeutet es für eine Bank, wenn durch eine Insolvenz ein Kredit zu 100 % ausfällt und damit abgeschrieben werden muss? Quantitativ betrachtet ist es zunächst einmal ein außerordentlicher Verlust. Aber da ist auch noch eine qualitative Seite, die in der Relation einer Abschreibung zum Kreditgeschäft einer Bank deutlich wird.

Für die folgende Überlegung wird eine Marge (Differenz zwischen Kundensatz und Refinanzierung der Bank) von 2 % p. a. unterstellt. Um den vollständigen Ausgleich eines abzuschreibenden Kredites von 500 T€ aus anderem Kreditgeschäft auszugleichen, muss eine Bank zusätzliche Kredite mit einem Volumen von 25 Mio. € generieren. Erst dann reicht die aus diesem Volumen erzielte Marge von 2 % im ersten Jahr aus, um diesen Verlust auszugleichen.

Dabei bleibt jedoch außen vor, dass an sich diese neuen Kredite zur Deckung der laufenden Kosten der Bank beitragen und darüber hinaus einen Ertrag erwirtschaften sollen. In dem Jahr, in dem die Abschreibung vorgenommen werden muss und gleichzeitig das neue Volumen gewonnen werden kann, hat die betroffene Bank weder an dem ausgefallenen Kredit noch an dem zusätzlichen Kreditvolumen einen Ertragsbeitrag verdient. Die Marge der neuen Kredite deckt trotz der Größenordnung ausschließlich den Ausgleich des Ausfalls.

Ferner bedeutet ein solches Volumen aber auch eine weitere, erhebliche Eigenkapitalbindung. Das heißt Banken, die nicht mehr über ausreichende zusätzliche Spielräume beim Eigenkapital verfügen, können den Verlust aus Abschreibungen nicht aus weiterem Kreditgeschäft kompensieren. Vielmehr sind sie gezwungen, entweder aus vorhandenen oder neuen Geschäftsfeldern höhere Erträge zu erwirtschaften, im erforderlichen Umfang Kosten einzusparen oder diesen Verlust hinzunehmen, sofern die Eigenkapitalbasis dazu reicht.

Die geschilderte Situation verschärft sich naturgemäß besonders in wirtschaftlich schwächeren Zeiten. Zum einen sind die Kreditausfälle der Banken dann ohnehin größer. Zum anderen ist aber auch die Bonität der noch gesunden Kreditnehmer nicht von der Güte, dass eine Bank leicht und gerne Kredite vergibt. Vielmehr kommt es gerade in solchen Zeiten besonders darauf an, durch effiziente Steuerungsinstrumente zu erkennen, wo zusätzliches Kreditgeschäft, das selbst ertragreich sein muss und nur möglichst geringe Risiken beinhaltet, zum Ausgleich von Ausfällen gewonnen werden kann.

Solche Überlegungen haben in der Vergangenheit dazu beigetragen, dass Banken verlässliche Steuerungsinstrumente entwickelt haben. Neben anderen internen Systemen, wie z. B. Kreditrevision oder computergestützter Überwachung von Überziehungen, Umsatzentwicklungen und Kontoführung, wurden hierzu die internen Ratingsysteme installiert, mit deren Hilfe Banken bonitätsmäßig gute Kunden identifizieren und Risiken reduzieren.

1.5.2 Der Kostenaspekt

In den 90er Jahren hat der Druck, die Kosten zu reduzieren, in der Bankenwelt zugenommen, u. a. weil

- der Bankenmarkt verteilt war, somit Neukunden zu gewinnen und über die Expansion des Geschäftes, Erträge zu steigern, immer schwieriger wurde und gleichzeitig
- durch die zunehmende Transparenz der Märkte die Konditionen der verschiedenen Kreditinstitutsgruppen sich anglichen und damit die Margenspielräume immer enger wurden.

Reaktionen der Banken hierauf waren und sind Personalreduzierungen, Filialschließungen und Rationalisierungen in der internen Abwicklung von Arbeitsabläufen. Die Straffung von Arbeitsabläufen fand zunächst in Bereichen statt, die durch bessere und schnellere EDV-Systeme dafür wie geschaffen waren, z. B. der Auslands- und der inländische Zahlungsverkehr. Aber es wurden auch Möglichkeiten gesucht, in dafür scheinbar weniger geeigneten Aufgabenfeldern durch Standardisierungen Kosten zu senken.

Für das Kreditgeschäft hieß die Forderung, Entscheidungsabläufe zu straffen und zu vereinheitlichen. Neben der Nutzung technischer Möglichkeiten (EDV-gestützte Bilanzauswertung, Kreditprotokollerstellung mittels Computerprogrammen, die dann auch online anderen Instanzen zugeleitet werden können) geschieht dies auch durch personelle und organisatorische Maßnahmen.

Hierzu zählen die Trennung von Kundenbetreuung und Kreditentscheidung und die Zusammenfassung von Kreditentscheidern an zentralen Stellen. Die Trennung von Betreuung und Entscheidung hat einen effektiveren Personaleinsatz durch Konzentration persönlicher Fähigkeiten der Mitarbeiter auf eine der beiden Tätigkeiten zur Konsequenz. Die Zusammenfassung von Entscheidern bietet zudem die Möglichkeit, den Mitarbeitern bestimmte Branchen zuzuordnen, die dann aufgrund ihres höheren Branchenwissens eine tiefer gehende Analyse vornehmen und damit Kreditentscheidungen besser untermauern können.

Daneben besteht bei der Kreditvergabe generell das besondere Problem, dass viele Einflussfaktoren subjektiv beurteilt werden müssen. Kreditwürdigkeit, Vertrauenswürdigkeit oder auch die Einschätzung der künftigen wirtschaftlichen Entwicklung eines Unternehmens lassen sich kaum oder nur sehr schwer objektivieren. Die Einführung der bankinternen Ratingsysteme half, zu einer objektiveren Kreditaussage zu kommen. Mit verfeinerten Beurteilungsmethoden gelingt es, über den Umweg von Kennzahlen, Kontoführung, Verlässlichkeit vorgelegter Zahlen subjektive Einschätzungen wie Kreditwürdigkeit und Vertrauenswürdigkeit zu belegen.

Aber nicht nur die Steuerung von Risiken wird erleichtert. Vielmehr lassen sich damit auch Kosten einsparen. Einige Beispiele:

- Ratingfragen zu beantworten, erfolgt schneller, als in beschreibender Schriftform ein Unternehmen zu beurteilen.

- Die Betrachtung ist objektiver und Rückfragen oder überflüssige Diskussionen über eine Kreditentscheidung werden vermieden.
- Der Risikogehalt eines Kreditengagements ist besser überschaubar, d. h. auf einen Blick lassen sich Vertretbarkeitsgründe erkennen.
- Im Unterschied zu den früher üblichen Kreditberichten können Ratingformulare per EDV erfasst werden. Dadurch reduziert sich der Aufwand in der Risikoüberwachung für das gesamte Kreditgeschäft einer Bank.

Diese und weitere interne Maßnahmen haben dazu geführt, dass Personal in den Kundenbetreuungseinheiten und den Kreditabteilungen entweder reduziert (Senkung der Personalkosten) oder bei gleichem Personal eine größere Stückzahl von Kreditengagements (Senkung der Stückkosten pro Kredit) bearbeitet werden konnte.

1.5.3 Der Ertragsaspekt

Banken können auf steigende Kosten und niedrigere Erträge wegen rückläufiger Margen auch durch die Ausweitung des angestammten Geschäftes und die Aufnahme neuer Geschäftsfelder reagieren. Hierfür ist es jedoch vor allem erforderlich, über einen Mitarbeiterstamm zu verfügen, der ausreichend vertriebsorientiert ist, um erfolgreich zusätzliche Erträge zu erwirtschaften. Die schon erwähnte Trennung von Kundenbetreuung und Kreditentscheidung trägt durch den damit verbundenen Ausleseprozess diesem Umstand besonders Rechnung. Denn kunden- und damit vertriebsorientierte Mitarbeiter verblieben in der Kundenbetreuung und die hierfür weniger geeigneten wechselten in den Entscheidungsbereich.

Wie in anderen Unternehmen auch, wird in den Banken ebenfalls versucht, durch Vertriebsvereinbarungen mit finanziellen Anreizen die Mitarbeiter zu einem erfolgreichen Vertrieb zu motivieren. Damit ist es für die Mitarbeiter besonders lohnend, die Unternehmensziele zu erreichen. Gleichzeitig lassen sich auch geschäftspolitische Entscheidungen, wie Konzentration auf bestimmte Kundengruppen oder ausgewählte Geschäftsfelder (z. B. mehr Einlagen- als Kreditgeschäft) konsequenter durchsetzen.

Um aber im Vertrieb einer Bank erfolgreich sein zu können, müssen die Mitarbeiter von internen Tätigkeiten, wie beispielsweise der technischen Bearbeitung von Krediten, entlastet werden. Gleichzeitig müssen sie aber auch in der Lage sein, sehr schnell den Risikogehalt eines Kreditengagements zu erfassen. Nur so können sie entscheiden, ob sich weitere Vertriebsbemühungen bei einem bestimmten Kreditkunden auch lohnen würden. Und gerade bei dieser Entscheidung hilft auch das interne Ratingsystem mit seiner Übersichtlichkeit.

1.5.4 Auswirkungen für mittelständische Unternehmen

Diese drei Aspekte sind natürlich nur verschiedene Betrachtungsweisen desselben Themas, nämlich der Ertragssteigerung. Aber sie haben für den Unternehmer unterschiedliche Konsequenzen.

Die **Risikosteuerung** ist nichts Neues, allenfalls etwas weiter Entwickeltes. Banken waren immer schon in der Kreditvergabe bei Kunden zurückhaltend, wenn sie deren Bonität als nicht besonders kreditwürdig einschätzten. Und Kredite wurden damals wie heute nicht wegen eingeführter Risikosteuerungsmechanismen gekündigt, sondern wenn eine Bank hierfür aus ihrer Sicht gute Gründe hatte.

Auch früher haben die Banken versucht, die Konditionen risikoorientiert zu gestalten. Allerdings haben der Markt und das Bestreben von Wettbewerbern, neue Kunden zu gewinnen, dieses Bemühen häufig erschwert oder unmöglich gemacht. Die öffentliche Diskussion um Basel II und damit die Erkenntnis bei mittelständischen Unternehmern, dass Banken Ratingsysteme nutzen, wird den Banken künftig die Argumentation, höhere Konditionen aufgrund mangelnder Bonität vereinbaren zu wollen, erleichtern. Wenn einem Unternehmer eine nicht oder gerade noch befriedigende Bonität vorgehalten wird, ist sein Verhandlungsspielraum für Konditionsgespräche sicherlich stark eingeschränkt.

Sparkassen und vor allem Volksbanken haben wesentlich später als die Großbanken Ratingsysteme eingeführt. Inzwischen sind auch sie nicht mehr so leicht bereit, Kreditengagements anderer Banken zu übernehmen. Damit ist ein anfangs noch vorhandenes Regulativ des Marktes weggefallen. Der Kunde hat das Drohmittel, bei zu hohen Konditionen den Kredit woanders zu beschaffen, nicht mehr in der Hand.

Insgesamt wird sich der Bankenmarkt bezüglich der Konditionsgestaltung von einem zuletzt eher von der Nachfrageseite bestimmten wieder zu einem von den Banken geführten Angebotsmarkt entwickeln. Umso mehr muss sich ein mittelständischer Unternehmer darum bemühen, ein für ihn faires Ratingurteil zu erhalten.

Der **Kostendruck** hat zunächst Auswirkungen auf die Mitarbeiter in den Banken. Früher galten die Arbeitsplätze in der Kreditwirtschaft als besonders sicher und fast so sicher wie die von Beamten im öffentlichen Dienst. Mit den Umstrukturierungsmaßnahmen in den 90er Jahren ist das anders geworden.

Konnte zunächst Personalabbau noch durch die natürliche Fluktuation (Kündigung durch Arbeitnehmer, Rente, Mutterschaft) erreicht werden, so sind die Reduzierungsmaßnahmen nun an einen Punkt gekommen, an dem sich betriebsbedingte Kündigungen nicht mehr vermeiden lassen. Damit einher geht auch bei Bankmitarbeitern eine erhebliche Sorge um den Arbeitsplatz.

Hieraus resultierende Unsicherheit, Resignation und Demotivation sind bei Mitarbeitern von Banken inzwischen leider häufig und auf allen hierarchischen Ebenen zu finden. Die Bereitschaft solcher Mitarbeiter, sich bei ihren Vorgesetzten für ihre Kunden einzusetzen, ist aus Angst um den eigenen Arbeitsplatz deutlich rückläufig. Mittelständischen Unternehmern sollte dies in ihren Verhandlungen mit Banken zumindest bewusst sein. Damit ist nicht Mitleid gemeint, sondern das zum Verhandlungsgeschick gehörende Verständnis für sein Gegenüber und dessen Problem.

Der **Ertragsdruck** wirkt sowohl auf Mitarbeiter der Banken als auch hierüber auf mittelständische Unternehmer. Der Nachweis des Erfolges im Vertrieb erfolgt durch Vereinbarung bestimmter Ziele für die Mitarbeiter. Um der erwähnten Arbeitsplatzangst zu begegnen, ist deswegen die Motivation hoch, diese Ziele zu erreichen. Ob aber die Vertriebsziele mit den Interessen mittelständischer Unternehmen übereinstimmen, ist eine andere Frage.

Beispielsweise kann es im Interesse einer Bank liegen, Maschineninvestitionen nicht mehr über Kredite zu finanzieren, weil die damit verbundene Eigenkapitalbindung für sie zu hoch ist. Sie wird dann als geschäftspolitische Vorgabe ihren Mitarbeitern aufgeben, stattdessen Leasingverträge über eine zur Institutsgruppe gehörende Gesellschaft abzuschließen. Die Mitarbeiter werden diese Zielvorgabe erfüllen, wobei offen bleibt, ob im Einzelfall für den Unternehmer der richtige Finanzierungsweg gefunden wurde.

Gerade dieser Druck, Erträge zu steigern, offenbart zwei Komponenten. Zum einen wird diese Notwendigkeit zur Umsetzung geschäftspolitischer Ziele, wie Trennung von nicht so profitablen Kunden oder Geschäftsfeldern, konsequent genutzt. Zum anderen wird der persönliche Egoismus der einzelnen Mitarbeiter, ihre eigenen Ziele bei ihrem Arbeitgeber zu erreichen, verstärkt.

Damit hat sich aber etwas gegenüber früher stark verändert. Unternehmer haben in der Vergangenheit ihre Bankbetreuer als persönliche Berater angesehen, und auch im Selbstverständnis der Bankmitarbeiter sah man sich als Berater seiner Kunden. Heute müssen in einem stärkeren Maße Ziele der Bank oder auch die eigenen Vertriebsvorgaben umgesetzt werden. Der Status von Bankmitarbeitern wie auch der Bank selbst ist auf den eines Vertragskontrahenten reduziert worden, der rechtlich natürlich auch früher schon gegeben war, aber damals im Verhältnis Bank/Kunde nicht allein vorherrschte.

Diese Konsequenzen sind selbstverständlich nicht allein auf die Einführung von Risikosteuerungssystematiken zurückzuführen. Vielmehr ist der Strukturwandel in der Bankenwelt viel umfassender als hier beschrieben. Die Ursachen hierfür zu untersuchen, ist sicherlich ebenso ein eigenes Buch wert, wie die Maßnahmen – Fusionen, neue Geschäftsfelder, Globalisierung etc. – zu betrachten, mit denen Banken diesem Wandel begegnen.

Die Frage, ob die Einführung von Ratingsystemen den Strukturwandel in Gang gesetzt hat oder ob Ratingverfahren aus der Notwendigkeit entstanden sind, Veränderungen in der Bankenlandschaft vorzunehmen, ist letztlich unerheblich. Die Ratingverfahren existieren und stellen für mittelständische Unternehmer eine Veränderung des Verhältnisses zu ihrer Bank dar, auf die sie sich einzustellen haben und die sie zumindest soweit verstehen sollten, wie es in ihrem eigenen Interesse liegt.

2 Drei Arten von Ratingverfahren

Basel II lässt in seinen bislang vorliegenden Entwürfen sowohl ein **externes** wie auch ein **internes** Rating zu. Die Begriffe „intern" und „extern" beziehen sich darauf, ob eine Bank auf von Dritten – Ratingagenturen – erstellte Ratings zurückgreift oder ob sie diese selbst (intern) erstellt. Die Vergleichbarkeit der Verfahren ist dabei allerdings unterschiedlich.

So wie die Ratings einer Ratingagentur miteinander vergleichbar sind, so sind auch die Ratings innerhalb einer Bank durchaus vergleichbar. Legt man jedoch Ratings zweier Agenturen nebeneinander, gilt es zunächst abzuklären, ob Begriffe, Definitionen, Beurteilungen u. ä. übereinstimmen.

Ebenso verhält es sich mit den internen Ratings verschiedener Banken. Die Unterschiede zwischen den Ratingverfahren der Banken führen dazu, dass sie nicht miteinander verglichen werden können. Für mittelständische Unternehmer bedeutet dies, sie könnten zwar mit dem Rating einer anerkannten Agentur von Bank zu Bank gehen, nicht aber mit einem von einer Bank erstellten. Eine andere Bank könnte nicht beurteilen, auf welcher Basis es erstellt wurde und insbesondere ob es den eigenen Anforderungen genügt.

Aber nicht nur die mangelnde Vergleichbarkeit stellt einen Unterschied dar. Auch in der Transparenz unterscheiden sich die beiden Verfahren. Ratingagenturen haben bereits in der Vergangenheit ihre Vorgehensweise erläutert und eingehend mit ihren Mandanten besprochen. Banken haben in der Regel bislang ihren Kunden nicht die Kriterien und Beurteilungsverfahren mitgeteilt. Man mag dies als einen positiven Effekt der inzwischen vorhandenen Kenntnis über die schon seit langem bestehenden Ratingverfahren ansehen, wenn in Zukunft auch Banken eingehende Gespräche hierüber führen und ihre Beurteilungen erläutern.

Die Bundesbank hat inzwischen ein eigenes Verfahren eingeführt, um die so genannte **Notenbankfähigkeit** von Wirtschaftsunternehmen festzustellen. Neben externem und internem Rating soll auch das Verfahren der Bundesbank erläutert werden, da es Auswirkungen auf die Konditionsgestaltung der Banken beim Ankauf von Wechseln haben kann.

2.1 Externes Rating

Beim externen Rating werden mittelständische Unternehmen von anerkannten Ratingagenturen beurteilt, die in den letzten Jahren zunehmend in Deutschland entstanden sind. Für die Anerkennung einer Ratingagentur sind eine Reihe von Kriterien zu erfüllen, wie z. B.:

- ausreichende Datenbasis,
- Objektivität,

- Unabhängigkeit,
- öffentliche Transparenz des Bewertungsverfahrens,
- Glaubwürdigkeit.

Die Entscheidung über die Anerkennung für die Eigenkapitalberechnungen von Banken, die notwendigen externen Ratings vorzunehmen, liegt bei der Bankenaufsicht.

Das Verfahren wird von der Ratingagentur zusammen mit dem zu beurteilenden Unternehmen durchgeführt, das die erforderlichen Informationen und Unterlagen bereitstellen muss. Zielsetzung ist dabei festzustellen, in welchem augenblicklichen wirtschaftlichen Zustand sich dieses Unternehmen befindet oder anders formuliert:

Wie hoch ist zurzeit die Insolvenzwahrscheinlichkeit dieses Unternehmens?

Da dies nur eine Momentaufnahme ist und sich in unserer kurzlebigen Zeit Rahmenbedingungen aufgrund wirtschaftlicher, aber auch politischer Einflüsse rasch ändern können, sind Folge-Ratings erforderlich, die in der Regel mit jährlichem Abstand erstellt werden. Neben den Kosten für das erstmalige Rating, die oberhalb von 10.000,-- € liegen, entstehen dann auch für die Folge-Ratings zusätzliche Kosten.

2.2 Internes Rating

Das interne Rating erstellt eine Bank aufgrund der ihr vorliegenden Unterlagen und Informationen über ein Unternehmen. Neben Geschäftszahlen und den Informationen aus Gesprächen mit dem Unternehmen sind dies aber auch die bankinternen Unterlagen wie Kredithistorie, Kontoführung, Erfahrungen mit dem Unternehmen und gestellte Sicherheiten. Auch wenn bankinterne Ratingverfahren sich an den externen Beurteilungskriterien orientieren und ebenso den momentanen wirtschaftlichen Zustand eines Unternehmens ermitteln wollen, so gilt ihr Augenmerk jedoch einer anderen Frage.

Hat eine Bank einem Unternehmen Kredite zur Verfügung gestellt, die durch private Festgelder oder Wertpapiere vollständig abgesichert sind, so kann ihr Krediturteil selbst am Tage der Insolvenz noch positiv ausfallen. Das heißt, Banken ergänzen die wirtschaftliche Bewertung um die materielle Beurteilung des bestehenden Kreditengagements und damit insbesondere um die Werthaltigkeit der vorhandenen Sicherheiten. Das oberste Anliegen einer Bank ist, ihr eigenes Risikopotenzial zu ermitteln.

Die oben erwähnte Frage externer Beurteiler lässt sich für das bankinterne Rating so formulieren:

Wie hoch ist zurzeit die Ausfallwahrscheinlichkeit der Kredite bei diesem Unternehmen?

Auch dies ist eine Momentaufnahme, und es ist nicht nur eine Auflage der Autoren von Basel II, sondern liegt im eigenen Interesse jeder Bank, das bankinterne Rating bei Vorlage neuer – positiver wie negativer – Informationen oder Unterlagen auch unterjährig zu aktualisieren. Insofern wird in der Bankpraxis von der jährlichen Regelüberprüfung eines Kreditengagements bei negativen Entwicklungen durchaus abgewichen.

2.3 Wahl zwischen externem und internem Rating?

Die Unterschiede der beiden Verfahren liegen in der Vergleichbarkeit, der Transparenz und der zweckbestimmten Fragestellung, wofür das Rating vorgenommen wird. Ob ein Unternehmen ein externes Rating in Auftrag geben soll, wird im Wesentlichen davon abhängen, welche Zwecke damit erfüllt werden können.

International tätige Firmen haben vielleicht ein Interesse daran, sich damit im Ausland zu präsentieren. Möglicherweise entsteht durch die Ratingpraxis in Deutschland das Erfordernis, die eigene Bonität inländischen Lieferanten nachweisen zu können. Dafür wäre ein externes Rating sicherlich geeigneter.

Wird ein externes Rating jedoch ausschließlich für die bestehenden Bankbeziehungen erstellt, sollte im Vorfeld zunächst die Frage geklärt werden, ob die beteiligten Banken das akzeptieren. Dabei ist zu bezweifeln, dass sie es als Ersatz für das eigene interne Rating nutzen werden. Denn für sie wesentliche Fragen kann ein externes Rating nicht beantworten. Die Bewertung der Kreditbesicherung ist nur ein Punkt, wenn auch einer der wichtigsten (siehe *Abbildung 3: Aufbau des Ratingverfahrens*, Seite 40).

An dieser Stelle sei nochmals darauf hingewiesen, dass das Interesse von Basel II ist, die Banken zur Ermittlung ihres eigenen Risikos zu bewegen. Hierzu bedarf es der Feststellung, wie hoch Ausfälle bei den einzelnen Krediten und Kreditnehmern zu erwarten sind. Diese Frage wird erheblich von der Geschäftspolitik einer Bank beeinflusst. Dabei spielen die Größe der Bank, ihre Risikobereitschaft, aber auch die Kreditnehmerstruktur eine Rolle.

Beispielsweise wird eine ländliche Volksbank in Bayern aufgrund der Zusammensetzung ihrer Kreditnehmer aller Voraussicht nach mit geringeren Risiken konfrontiert sein als ein gleich großes Institut in einer industriellen Region. Wobei sich eine solche Betrachtung in Zeiten von BSE (Rinderseuche) durchaus auch genau andersherum darstellen kann.

Banken können aber ihr eigenes Risikoprofil nur anhand eigener Steuerungsmechanismen ermitteln, zu denen u. a. das interne Rating gehört. Insofern werden sie, auch bei Vorlage externer Ratings, auf ihre eigenen Verfahren zurückgreifen müssen. Allenfalls werden sie ein externes Rating neben ihr eigenes legen und im Vergleich beider eine Bestätigung finden oder bei (gravierenden) Unterschieden weitere Informationen über das Unternehmen einfordern. Insofern stellt sich in der Regel die Frage nach einem externen Rating für mittelständische Unternehmen nicht.

2.4 Notenbankfähigkeit

Eine Bank kann sich über die Abtretung von Kreditforderungen oder über die Weitergabe angekaufter Wechsel durch die Bundesbank refinanzieren. Obgleich Banken davon heute kaum noch Gebrauch machen, so sind zuweilen dennoch die Konditionen beim Ankauf von Wechseln von der Notenbankfähigkeit abhängig. Fehlt sie, wird die Kondition für Kontokorrentkredite angewandt. Mit gegebener Notenbankfähigkeit liegt die Kondition jedoch zum Teil 3 bis 4 % günstiger.

Die Bundesbank benutzt zur Ermittlung der Notenbankfähigkeit ein eigenes „Verfahren zur Bonitätsbeurteilung von Wirtschaftsunternehmen", das sich allerdings elementar von denen der Banken oder der Ratingagenturen unterscheidet. Denn mangels anderer Informationen kann die Bundesbank ihre Einschätzung der Bonität eines Unternehmens weitgehend nur auf die ihr eingereichten Bilanzen abstellen.

Das Verfahren der Bundesbank wird automatisch mit Vorlage einer Bilanz in Gang gesetzt. Dabei spielt es keine Rolle, ob tatsächlich für einen Kreditnehmer Refinanzierungen vorgenommen oder seine Bilanzen nur aus einer Art Tradition an die Bundesbank gesandt wurden. Die computerunterstützte Auswertungen werden in der statistischen Abteilung der Bundesbank zusammengeführt, sodass dort ein Überblick über die wirtschaftliche Entwicklung von Branchen und – im Gesamtbild – der Volkswirtschaft entsteht.

Die Bundesbank legt mindestens zwei, besser jedoch drei Bilanzen eines Kreditnehmers ihrer Bonitätsprüfung zugrunde. Die Auswertung erfolgt in drei Unternehmensgruppen:

- Verarbeitendes Gewerbe,
- Handel und
- sonstige Unternehmen (u. a. Bau, Dienstleistungen, freie Berufe, Landwirtschaft),

die jeweils in drei Umsatzgrößenklassen (bis 6 Mio., 6-70 Mio., über 70 Mio.) unterteilt sind. Zusätzlich wird neben der zeitlichen Entwicklung eines Unternehmens auch der Vergleich mit der Branche analysiert. Hierzu werden die Unternehmen entsprechend der „Klassifikation der Wirtschaftszweige" des Statistischen Bundesamtes eingeteilt.

Als Ergebnis der Auswertung entsteht eine Finanzflussrechnung (zum Umsatz-, Investitions- und Finanzbereich). Mit Hilfe verschiedener Kennzahlen (z. B. Umsatzrendite, Schuldentilgungsfähigkeit, Eigenkapital- und Eigenmittelquote) wird eine Gesamtbewertung ermittelt. Am Ende dieser standardisierten durch die EDV-Analyse gewonnenen Datenauswertung steht eine Einordnung in einen von drei möglichen Bereichen:

- einwandfreie Bonität (A-Bereich),
- indifferenter Bereich (B-Bereich),
- Gefährdungsbereich (C-Bereich).

Der so genannte B-Bereich bedarf einer Nachbearbeitung, die mittels eines Expertensystems ebenfalls in standardisierter Form vorgenommen wird.

Unter einem Expertensystem versteht man ein Verfahren, das auf elektronischem Weg das Vorgehen eines menschlichen Experten bei einer Entscheidungsfindung nachbildet. Hierzu sind Regeln für Klassifikationsentscheidungen aufgestellt, aus denen das Expertensystem automatisch Schlussfolgerungen ziehen kann.

Insbesondere soll damit erreicht werden, dass die Zahl der dem B-Bereich zugeordneten Unternehmen durch zusätzliche Informationen aus

- Gesprächen mit der Geschäftsleitung über Bilanzierungsverhalten und aktuelle Entwicklung,
- dem Anhang zum Jahresabschluss,
- dem erkennbaren Bilanzierungsverhalten (konservativ = positiv; progressiv = negativ),
- Hard-Facts (Rechtsform, Beschäftigtenzahl, Alter des Unternehmens)

verringert und möglichst vollständig auf entweder den A- oder C-Bereich aufgeteilt wird. Diesen beiden entspricht die abschließende Beurteilung einer gegebenen oder nicht gegebenen Notenbankfähigkeit. Eine erneute Überprüfung der Notenbankfähigkeit erfolgt erst wieder, wenn der nächste Jahresabschluss eingereicht wird. Eine vorhandene Notenbankfähigkeit erlischt allerdings automatisch, wenn der Bilanzstichtag der letzten Bilanz länger als 24 Monate zurückliegt.

Die fehlende Notenbankfähigkeit darf allerdings nicht mit der Wertung einer ebenfalls fehlenden Kreditwürdigkeit gleichgesetzt werden. Zum einen ist der Bonitätsanspruch der Bundesbank überaus hoch und entspricht nahezu der jeweils besten Ratingstufe in internen oder externen Ratingverfahren. Zum anderen fehlen in dieser Bonitätsauswertung wesentliche, für die Beurteilung der Kreditwürdigkeit erforderliche Elemente, wie die Beurteilung der Managementqualifikation und der Zukunft eines Unternehmens.

Ob Bilanzen der Bundesbank eingereicht werden sollten, hängt vom Einzelfall ab. Hier bietet sich das Gespräch mit den eigenen Hausbanken an. Refinanzieren sie sich über die Abtretung von Kreditforderungen bzw. die Weitergabe von Wechseln an die Bundesbank oder machen sie Konditionen von einer gegebenen Notenbankfähigkeit abhängig, so ist auch weiterhin die Vorlage von Bilanzen bei der Bundesbank erforderlich. Dann sollte aber ebenfalls ein Gespräch mit der zuständigen Niederlassung der Bundesbank geführt werden, in dem neben der Bilanz auch weitere Informationen zur Verfügung gestellt werden können.

In diesem Gespräch sollte ein sich aus der Systematik ergebendes mögliches Problem geklärt werden:

Ist das Unternehmen durch die Bundesbank der richtigen Branche zugeordnet worden?

Die Festlegung der Branchenzugehörigkeit erfolgt durch Mitarbeiter der Bundesbank, die zuweilen aus dem Bilanzbericht nicht den tatsächlichen Geschäftszweck erkennen können. So lässt eine Bezeichnung wie „Herstellung und Handel von und mit xy-Gütern" nicht den eigentlichen Tätigkeitsschwerpunkt (überwiegend Produktions- oder Handelsunternehmen?) eines Unternehmens erkennen. Die Folge könnte sein, dass ein Unternehmen mit einer nicht zutreffenden Gruppe anderer verglichen und allein deswegen im standardisierten Verfahren der Bundesbank negativ beurteilt wird.

3 Praxis des Bankenrating

Rating ist eine qualitative Beurteilung innerhalb einer Gruppe von miteinander vergleichbaren Gegenständen, u. U. auch Personen, z. B. Politiker. Die Beurteilung erfolgt dabei von gut nach schlecht. Im Unterschied hierzu ist Ranking eine quantitative Auflistung, in der Regel von groß nach klein. Beispiele für ein Ranking sind Aufstellungen über Unternehmen nach ihrer Umsatzgrößenordnung, aber auch Zulassungsstatistiken für Kraftfahrzeuge. Während hierbei absolute Zahlen miteinander verglichen werden, wird im Rating versucht, mit Hilfe von Relationen (besser oder schlechter) eine zu beurteilende Gruppe in eine Reihenfolge zu bringen. Hierbei werden formale Systematiken angewandt, die – in gewissen Grenzen – Objektivität, eine einheitliche Handhabung und damit Vergleichbarkeit ermöglichen.

Bei der Beurteilung von Unternehmen entsteht die Problematik, dass z. B. ein Gewinn von 5 Mio. alleine nichts über die Bonität oder Güte eines Unternehmens aussagt. Erst in Relation zum Umsatz oder im Vergleich zur zeitlichen Entwicklung entsteht eine erste Aussage hierzu. Ergänzt um eine Vielzahl von Kennzahlen, Relationen, erkennbaren Tendenzen und beantworteten Fragen u. a. zur Managementqualifikation oder der Vertriebsfähigkeit wird dann ein Bild über die Bonität eines Unternehmens abgerundet.

In den vergangenen Jahren wurden in den Bankengruppen diverse Verfahren entwickelt, Kreditnehmer einem Rating zu unterziehen. Maßgebend für die Unterschiede sind die institutseigenen Anforderungen und Risikoprofile, die aus der Zusammensetzung der jeweiligen Kreditnehmer und der Geschäftspolitik einer Bank resultieren. Die Verfahren der Banken unterscheiden sich in wesentlichen, für das Rating erforderlichen Punkten:

– welche Kriterien in das Rating einbezogen und wie sie bewertet werden

– wie die Kriterien untereinander gewichtet werden,

– welche Rolle die zukünftige Entwicklung eines Unternehmens spielt,

– ob Sicherheiten miteinbezogen werden

– und nicht zuletzt in den zusammenfassenden Ratingbeurteilungen, die bei manchen in Buchstaben, bei anderen in Zahlen ausgedrückt werden.

Aber es gibt auch Gemeinsamkeiten. Unabhängig, wie umfangreich ein Kriterienkatalog auch sein mag, die wesentlichen Beurteilungsnotwendigkeiten

– der aktuellen Ertrags- und Bilanzverhältnisse,

– der Zukunftsaussichten und

– der so genannten qualitativen Faktoren wie Managementqualifikation

bleiben letztlich die gleichen.

3.1 Wann wird das Ratingverfahren durchgeführt?

Banken wenden das interne Ratingverfahren bei zwei Gelegenheiten für einen Kreditnehmer an:

- bei Vorlage der letzten Jahresbilanz und
- bei einer neuen Kreditvergabe.

Da Bilanzen jährlich vorgelegt werden müssen, wird jedes Kreditengagement somit mindestens einmal pro Jahr dem Ratingverfahren unterzogen, das Teil der Engagementanalyse durch die Kreditsachbearbeitung ist. Die Analyse berücksichtigt das Ergebnis des internen Ratings, die Beurteilung der Sicherheitenposition, die Überprüfung der aktuellen Kreditkonditionen (nicht nur der Zinsen, sondern auch der übrigen Gebühren) und hat zum Ergebnis, ob die Aufrechterhaltung eines Kreditengagements für die Bank vertretbar ist.

Entstehen dabei Zweifel an der Vertretbarkeit, wird das zusammenfassende Analyseurteil auch einen Maßnahmenkatalog für die Kundenbetreuung beinhalten, um eventuell entstehende Risiken für die Bank, so weit möglich, zu reduzieren. Maßnahmen können dabei sein:

- eine erneute Überprüfung des Engagements bereits nach wenigen Monaten,
- Auflagen über zu stellende Sicherheiten,
- und im schlimmsten Fall Kündigung und Abgabe des Engagements an die Rechtsabteilung.

Um die Einhaltung der jährlichen Überprüfung zu gewährleisten, erfolgt bei der Kreditanalyse eine Befristungseinmeldung in der EDV, die im folgenden Jahr automatisch die erneute Bearbeitung auslöst.

Von dem jährlichen Rhythmus wird in Einzelfällen durch ein unterjähriges Rating abgewichen. Dies wird erforderlich und ist dann unverzüglich vorzunehmen, wenn Informationen bekannt werden, die eine Verschlechterung der bisherigen Bonitätsbeurteilung des Kreditnehmers zur Folge haben, beispielsweise bei der Vorlage von Zwischenzahlen, die erstmals einen Verlust ausweisen, aber auch bei Vorkommen der so genannten Warnsignale (u. a. Scheck-, Lastschriftrückgaben beim Kreditnehmer).

Je nachdem wie bedeutend die zwischenzeitlichen Informationen sind, wird gegebenenfalls nicht nur das Rating des Kreditnehmers angepasst, sondern der gesamte interne Analyseprozess erneut durchgeführt. Die Anpassung des Ratings ist in den internen Kreditrichtlinien der Banken festgelegt, wird aber auch in den Eigenkapitalrichtlinien von Basel II mit etwas großzügigeren zeitlichen Vorgaben („spätestens innerhalb von 90 Tagen") den Banken zur Auflage gemacht und künftig von der Bankenaufsicht überwacht werden.

Ferner löst jede neue Kreditvergabe den geschilderten Rating- und Analyseprozess in einer Bank abermals aus. Dabei ist es unerheblich, ob es sich um eine Erhöhung bestehender Kontokorrentlinien, einer erheblichen Investitionsfinanzierung oder um die erstmalige Einräumung einer Wechselkreditlinie handelt. Allerdings werden Banken meistens der Kundenbetreuung bestimmte Kompetenzen einräumen, Krediterhöhungen selbst zu entscheiden, ohne den gesamten Analyseprozess durchzuführen. Damit werden bei problemlosen Krediten unnötige Kosten der Kreditbearbeitung vermieden.

Zwischen den beiden Anlässen, den Analyseprozess anzustoßen, gibt es einen Unterschied. Auf das Gespräch über eine Krediterhöhung bereiten sich Unternehmer in der Regel vor und liefern von sich aus die notwendigen Informationen, die den Kreditwunsch rechtfertigen. Hingegen wird die Jahresbilanz zumeist den Banken kommentarlos übersandt oder übergeben. Beinhaltet die Jahresbilanz weder im Positiven noch im Negativen gravierende Veränderungen, ist dies sicher nicht von Belang.

Das folgende Beispiel mag aber verdeutlichen, wie für einen Unternehmer eine Kommunikationsproblematik mit der Bank entstehen kann und wie bereits durch Kenntnis des Ablaufs in Banken Einfluss auf die Ratingeinschätzung genommen werden kann:

<u>10:00 Uhr in Deutschland:</u> Beim Frühstück erhält ein Firmenkundenbetreuer die Bilanz eines Kunden per Post mit der kurzen Mitteilung „Anbei die von Ihnen gewünschte Bilanz, mfG". Beim Durchblättern lässt er fast die Kaffeetasse fallen, als er diesen Auszug aus der GuV sieht.

	2001		2000
	Euro	%	Euro
Umsatz	14.109.257,12	100,00	15.065.401
Materialaufwand	9.235.143,87	65,45	10.018.259
Personal	2.879.451,54	20,41	2.754.222
Abschreibungen	208.145,55	1,47	215.428
Sonst. Betr. Aufwand	1.628.112,15	11,54	1.360.009
Zinsaufwand	164.154,20	1,16	150.727
Ergebnis	-5.750,19	0,04	566.756
Sonst. Steuern	74.381,82	0,52	82.912
Jahresfehlbetrag	-80.132,01	0,56	483.844

Abbildung 2: Beispielhafte Gewinn- und Verlustrechnung

Umsatz stark zurückgegangen. Materialaufwand wohl angepasst und in etwa wie im Vorjahr. Personalkosten gestiegen: „Hat der sich die Tantieme erhöht?" Sonstiger Aufwand: „Na, der hat die Kosten wohl überhaupt nicht im Griff. Kein Wunder, dass das mit einem Verlust endet! Das Rating muss sofort angepasst werden!" Und die Bilanz wird in die Kreditsachbearbeitung weitergeleitet, die über die Zahlen sicherlich ähnlich denken wird.

<u>Die tatsächliche Story:</u> Bis 2000 hatte diese Firma einen Großkunden mit ca. 3 Mio. Umsatzanteil. Seit Mitte 2000 kommt es zu erheblichen Zahlungsverzögerungen bei diesem Kunden. Ende 2000 fällt die Entscheidung, die Verbindung sofort zu beenden. Dazu wird eine neue Vertriebskraft eingestellt, um neue Kunden zu gewinnen, woraus die Erhöhung der Personalkosten resultiert.

Gleichzeitig werden die Werbemaßnahmen inkl. neuem Katalog erhöht. Es gelingt tatsächlich, den Umsatzausfall von 3 Mio. durch 2 Mio. mit drei neuen Kunden teilweise auszugleichen. Im Herbst 2001 gerät der alte Großkunde in Konkurs. Die Firma hat noch einen Forderungssaldo von 145 gegenüber ca. 600 zu Jahresbeginn, der abzuschreiben war. Diese Abschreibung und der Werbeaufwand haben den sonstigen Aufwand in 2001 erhöht.

<u>Das hat die Firma verpasst:</u> der Bank unternehmerischen Weitblick zu dokumentieren, die Reaktionsfähigkeit der Firmenleitung auf veränderte Marktbedingungen zu zeigen, aber auch das eigene strategische Entscheidungs- und Umsetzungsvermögen unter Beweis zu stellen und insgesamt damit die vorhandene Managementqualifikation zu demonstrieren. Im Einzelfall kann die negativere Bewertung der Vergangenheitsdaten durch eine gegenüber der bisherigen Einschätzung verbesserte Managementbewertung aufgefangen werden.

Natürlich kann in dem späteren Gespräch über die Bilanz der hier entstandene falsche Eindruck in der Bank korrigiert werden. Bis dahin gilt aber ein möglicherweise auch in der Beurteilung der Managementqualifikation geändertes Rating. Normalerweise hätte der Firmenkundenbetreuer bereits früher über derart gravierende Änderungen in der Firma unterrichtet sein müssen. Dennoch werden Mitarbeiter in Banken immer wieder von Bilanzen in ähnlicher Weise überrascht.

Gerade dann, wenn aufgrund einer bislang guten oder sehr guten Ertragskraft die Gesprächsintensität mit der Bank eher gering war, sollte es sich eigentlich verbieten, eine derartige Bilanz kommentarlos an die Bank weiterzuleiten. Die Erläuterungen der Steuerberater in den Bilanzen sind zumeist nur Zahlenvergleiche, Veränderungen absoluter Zahlen oder von ihnen ermittelter Kennzahlen mit der Angabe von Prozentveränderungen.

Warum sich die Zahlen aber verändert haben, welche geschäftspolitischen Entscheidungen hierzu geführt haben, findet sich selbst in einer von einem Wirtschaftsprüfer erstellten Bilanz nebst Erläuterungen nicht immer.

Der Unterschied zwischen der Bilanzeinreichung und dem Gespräch über eine Krediterhöhung liegt im Wesentlichen darin, dass im ersten Fall der Unternehmer ja „nur" – und oftmals auch „nur widerwillig" – den Anforderungen der Bank nachkommt. Im anderen Fall erwartet er aber etwas von der Bank und ist dann auch eher bereit, die notwendigen Informationen zu liefern.

Wie im Folgenden noch an anderen Beispielen erläutert wird, ist mit den weiter verbesserten Ratingverfahren der Banken eine andere Kommunikation seitens der mittelständischen Unternehmen notwendig. Informationen offen und vollständig der Bank zur Verfügung zu stellen, ist zwingend erforderlich, um Einfluss auf das Rating zu nehmen. Damit kann auch, wie das dargestellte Beispiel gezeigt hat, eine nur vorübergehend falsche Ratingeinschätzung vermieden werden.

Daneben empfiehlt es sich aufgrund der Trennung von Firmenkundenbetreuung und Kreditentscheidung sowie den damit verlängerten Berichtsabläufen, Banken Informationen nicht nur umfassend, sondern insbesondere schriftlich einzureichen. Ansonsten läuft ein Unternehmer Gefahr, dass aus einem Gespräch mit dem Firmenkundenbetreuer Sachverhalte und Einschätzungen verändert oder mit falschen Kommentierungen weitergeleitet werden.

3.2 Wie ist ein Ratingverfahren aufgebaut?

Bei allen Unterschieden in den Ratingverfahren der verschiedenen Bankgruppen sind die zu beurteilenden Tatbestände im Wesentlichen die gleichen. Eine Kreditanalyse wird immer zunächst, z. B. anhand von Bilanzen, die **Vergangenheitsanalyse** vornehmen. Sie ist Basis für die Prüfung der Glaubwürdigkeit oder Plausibilität der **Zukunftsanalyse**. Ferner lässt die Vergangenheit Rückschlüsse auf die Güte der **Managementqualifikation** und des Unternehmensumfeldes zu und damit auf die Fähigkeit, die zukünftigen Probleme und Aufgaben zu lösen. Die Systematik von Ratingverfahren wird im Folgenden anhand des nachfolgend dargestellten Aufbaus eines Ratingverfahrens erläutert.

Für jeden Kreditnehmer werden zunächst die Kriterien der drei Beurteilungsgruppen analysiert und als Ergebnis wird ein Risikograd festgelegt. Gehören mehrere Kreditnehmer zusammen (Kreditnehmereinheit) erfolgt dies für jeden einzelnen, um anschließend den Risikograd dieser Einheit (Kundenrisikograd) festzustellen. Nach Einbeziehung der Sicherheiten kann der Risikograd des gesamten Kreditengagements dieser Kreditnehmereinheit ermittelt werden.

In der Ratingbetrachtung von Banken sind drei Beurteilungskriterien enthalten, die in einem externen Rating nicht zu finden sind. In der internen Sichtweise sind die Beziehungen des Kunden zur Bank, zeitnahe Informationen und die Beurteilung der Kreditsicherheiten von besonderer Bedeutung. In einer externen Bonitätsbeurteilung spielen diese jedoch keine oder allenfalls eine eher untergeordnete Rolle. Dies verdeutlicht noch einmal den Unterschied zwischen externem und internem Rating und macht auch klar, warum Banken auf ihr eigenes Rating angewiesen sind.

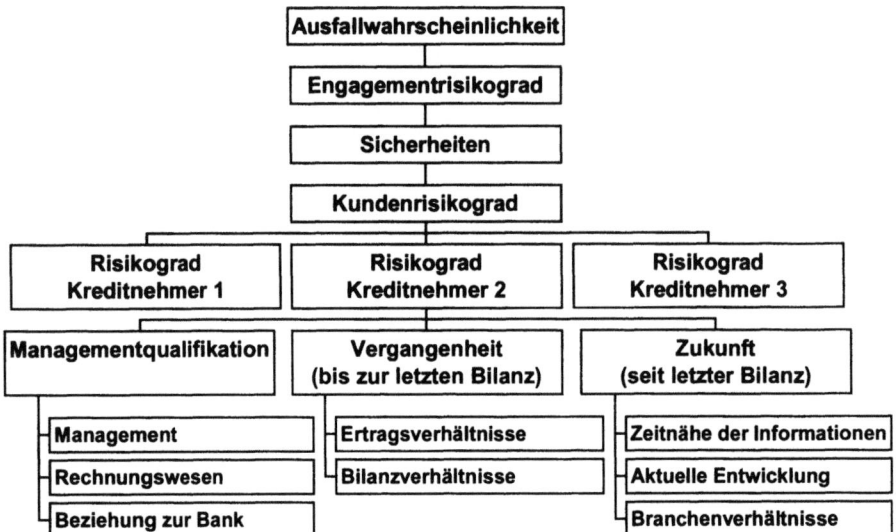

Abbildung 3: Aufbau des Ratingverfahrens

3.2.1 Die drei Beurteilungsgruppen

Häufig findet sich eine Unterscheidung nach harten und weichen Faktoren (Hard-Facts und Soft-Facts). Die Abgrenzungen, was zu den harten, was zu den weichen Faktoren gehört, ist leider auch nicht einheitlich. Daher sind die Bezeichnungen quantitativer und qualitativer Beurteilungskriterien vorzuziehen.

Quantitative Kriterien sind weitgehend objektiv, meist durch Kennzahlen untermauert und insgesamt feststehend, d. h. nicht beeinflussbar. Im Unterschied dazu handelt es sich bei qualitativen Kriterien um Beurteilungen und Einschätzungen, z. B. der Managementqualifikation. Wenngleich versucht wird, die Beurteilungen zu objektivieren, so haben sie aber auch immer noch einen subjektiven Charakter. Damit ergibt sich bei ihnen zugleich eine Möglichkeit, Einfluss auf das Rating zu nehmen.

Die erste Gruppe, unter **Managementqualifikation** zusammengefasst, umfasst nahezu ausschließlich qualitative Kriterien. Sie wird in den meisten Bankengruppen anhand von Fragebögen beurteilt, die Kundenbetreuer zu beantworten haben. In der Regel werden nicht alle Fragen – in der Spitze können dies 150 bis 200 sein – behandelt, sondern nur zutreffende müssen bearbeitet werden und fließen in das Rating ein. Die korrekte Beantwortung solch umfangreicher Fragenkataloge setzt allerdings eine sehr intensive Kenntnis des betreffenden Unternehmens voraus. Alternativ können diese Fragenkataloge gemeinsam mit dem Unternehmer beantwortet werden, worauf aus sicherlich einleuchtendem Grund möglichst Wert gelegt werden sollte.

Die **Vergangenheitsanalyse** eines Unternehmens ist quantitativer Natur und wird mit Hilfe der bankeigenen EDV durchgeführt. Dies bedeutet aber auch, dass bereits durch die EDV mit Hilfe der Entwicklung von Zahlen im Zeitablauf sowie im Vergleich mit Branchenzahlen eine Bewertung vorgenommen werden kann. D. h. am Ende der Bilanzanalyse steht der Risikograd dieser Beurteilungsgruppe automatisch und durch den Kundenbetreuer oder den Kreditanalysten nicht mehr beeinflussbar fest.

Die Kategorie **Zukunftsbeurteilung** beinhaltet sowohl quantitative wie qualitative Kriterien. Wann Informationen rechtzeitig oder verspätet vorliegen, kann exakt festgelegt werden. Gerade dieser Punkt ist für Banken von eminenter Bedeutung, um frühzeitig potenzielle Risiken zu erkennen.

Soweit die aktuelle Entwicklung anhand betriebswirtschaftlicher Auswertungen den wirtschaftlichen Fortgang seit der letzten Bilanzvorlage betrachtet wird, handelt es sich ebenfalls um eine quantitative Analyse. Aber bereits die Beurteilung der künftigen Perspektiven anhand von Planzahlen ist bereits wieder eine Einschätzungsfrage.

Ferner sind die Zukunftserwartungen der jeweiligen Branche zu bewerten, wobei die Einschätzungen den Recherchen der volkswirtschaftlichen Abteilungen (Branchenreports) in den Banken entnommen werden. Wenn auch hier wieder Zukunftseinschätzungen eine Rolle spielen, so kann dieses Kriterium dennoch zu den quantitativen gezählt werden. Zum einen sind die Recherchen der Banken durch eine Vielzahl verschiedenster Fakten untermauert. Andererseits, selbst wenn man die dennoch möglichen Fehleinschätzungen bedenkt, kann ein Unternehmen im Ratingverfahren nicht auf diese Einschätzung der Bank einwirken. Vielmehr handelt es sich bei dieser Betrachtung durch die Bank um ein feststehendes Datum.

Die Bewertungen der drei Gruppen werden am Ende addiert und hieraus eine Gesamtpunktzahl ermittelt. Dieser entspricht ein Risikograd, der die Bonitätseinschätzung der Bank ausdrückt.

3.2.2 Der Kundenrisikograd

Gehört zu dem zu analysierenden Kreditengagement nur ein Kreditnehmer, so sind Risikograd und Kundenrisikograd identisch. Oftmals haben Banken es aber mit Mehrheiten von zusammengehörenden Kreditnehmern zu tun, die nach den Definitionen des Kreditwesengesetzes als ein Schuldner anzusehen sind. Dies kann eine Mutter- mit ihren Tochtergesellschaften ebenso sein wie eine Firma mit ihrem persönlich haftenden Gesellschafter.

Ein häufiges Beispiel im Mittelstand ist die Aufspaltung in Besitz- und Betriebsgesellschaft. Dabei ist dann beispielsweise die Betriebsgesellschaft als Kreditnehmer 1, die Besitzgesellschaft als Kreditnehmer 2 und der bürgende Unternehmer als Kreditnehmer 3 zu verstehen.

Die Bank wird für jeden einzelnen Kreditnehmer die Beurteilung in den drei Gruppen vornehmen. Die ermittelten Punktzahlen können über die jeweilige Engagementhöhe der einzelnen Kreditnehmer in Relation zum Gesamtengagement gewichtet und ein zusammenfassender Kundenrisikograd der Kreditnehmereinheit ermittelt werden.

Daneben gibt es noch eine andere Möglichkeit, die Konzernzugehörigkeit zu berücksichtigen. Diese wird von einzelnen Banken auch genutzt, wenn alleine zur Mutter- oder Tochtergesellschaft eine Kreditbeziehung besteht. Diese Vorgehensweise soll an folgendem Beispiel erläutert werden.

Die Bank hat bei ihrem Kreditnehmer einen Kundenrisikograd im Topbereich ermittelt. Da es sich bei diesem Kreditnehmer allerdings um die Tochtergesellschaft eines maroden Konzerns handelt, wertet sie den Kundenrisikograd ihres Kreditnehmers erheblich ab. Die Begründung sieht die Bank darin, dass die sehr gute Ertragskraft und die ausgezeichneten Finanzverhältnisse ausgezehrt werden können, damit das finanzielle Überleben der Muttergesellschaft sichergestellt werden kann.

Damit soll auch verdeutlicht werden, dass bereits die *theoretische* Möglichkeit eines derartigen Handelns ausreicht, das Rating eines Kreditnehmers zurückzustufen. Die Einbeziehung in der Zukunft liegender, möglicher negativer Umstände ist ein Wesenselement der internen Ratingsystematik und dient dazu, in einer worst-case-Betrachtung potenzielle Risiken im Kreditgeschäft festzustellen bzw. frühzeitig zu erkennen.

Selbstverständlich ist ebenso der umgekehrte Fall – schlechter Kreditnehmer mit bonitätsmäßig absolut einwandfreier Muttergesellschaft – denkbar. Ob dann jedoch eine Aufwertung des Kreditnehmerratings erfolgt, hängt von den Geschäftsgrundsätzen oder den internen Richtlinien der jeweiligen Bank ab.

3.2.3 Engagementrisikograd und Ausfallwahrscheinlichkeit

Für die anschließende Ermittlung des **Engagementrisikogrades** erfolgt nun eine Bewertung der Sicherheitenposition für den Kreditnehmer bzw. der Kreditnehmereinheit. Die Bedeutung dieser Vorgehensweise soll an zwei Beispielen für ein nur durchschnittlich bewertetes Unternehmen erläutert werden:

– Sind dessen Kredite durch Grundschulden werthaltig und vollständig besichert, wird der Engagementrisikograd besser ausfallen als der Kundenrisikograd. Denn das Risiko der Bank ist geringer als bei anderen Kreditnehmern mit gleichem Kundenrisikograd, aber fehlender Besicherung.

– Bestehen jedoch für diese Kredite überhaupt keine Sicherheiten, kann auch eine Abwertung des Kundenrisikogrades vorgenommen werden. Das ist dann der Fall, wenn eine Bank eine Besicherung für unerlässlich hält, weil die Kundenbonität nur durchschnittlich beurteilt wird.

Eine weitergehende Erläuterung zum Einfluss der Sicherheiten auf die Engagementbeurteilung erfolgt im Kapitel „Die Beurteilung der Sicherheitenposition".

Allerdings ist darauf hinzuweisen, dass die Einbeziehung der Sicherheiten im Ratingverfahren von den Institutsgruppen unterschiedlich gehandhabt wird. Einige Banken, insbesondere die Sparkassenorganisation, berücksichtigen die Sicherheiten hier noch nicht. D. h., es wird lediglich die Kundenbonität ermittelt. Selbstverständlich werden die vorhandenen Sicherheiten in der abschließenden Beurteilung, ob das Kreditengagement vertretbar ist, von den Kreditsachbearbeitern – quasi manuell – berücksichtigt. Und dann sind die Überlegungen, welchen Einfluss die Sicherheiten auf eine Kreditentscheidung haben, die gleichen, wie sie hier *innerhalb* des Ratingverfahrens dargestellt werden.

Zuletzt ordnen Banken den verschiedenen Risikograden so genannte **Ausfallwahrscheinlichkeiten** zu. Aufgrund von statistischen Vergangenheitsdaten wissen sie, wie hoch ihre Ausfälle in den einzelnen Risikoklassen waren. Beliefen sich beispielsweise die Ausfälle der Risikoklasse „B" auf 9 %, so muss eine Bank in Höhe dieses Prozentsatzes das Kreditvolumen mit Eigenkapital unterlegen.

4 Ein Ratingformular

4.1 Muster eines Ratingformulars

Beginnend mit der Kennzahlenanalyse des letzten Jahresabschlusses werden Ratingverfahren elektronisch durchgeführt. Auch die Beantwortung der Fragenkataloge wird im Computer erfasst und mit den bereits maschinell errechneten Bewertungen zusammengeführt. Dies hat für Banken vor allem den Vorteil, dass die Ratings über die Zentral-EDV gleichzeitig dem Kundenbetreuer für seine Gesprächsvorbereitung, der Kreditabteilung für die Analyse des Kreditgeschäfts und der Zentrale für Steuerungsaufgaben zur Verfügung stehen.

Im Rahmen eines Buches lässt sich ein elektronisches Ratingverfahren nicht umsetzen, da eine Kennzahlenanalyse einschließlich der hierfür notwendigen Branchendaten nicht möglich ist. Aber auch die Unterschiedlichkeit der von den Banken verwendeten Methoden ist nicht darstellbar. Daher wird hier ein Ratingformular (s. Anlage I) verwandt, das aus einem früher in einer Großbank genutzten weiterentwickelt wurde und an die gegenwärtige Ratingpraxis der Banken angepasst ist.

Die in Anlage II dargestellten Klassifizierungshinweise sind eine Zusammenfassung von Erläuterungen zweier Großbanken und helfen dem Leser, eine Selbsteinschätzung vorzunehmen. Insbesondere bei der Vergangenheitsbetrachtung würde die Einbeziehung von Kennzahlen und Branchenvergleichen sicherlich zu objektiveren Ergebnissen führen, als sie bei einer eigenen Einschätzung möglich sind. Ziel soll aber nicht sein, einen Anhaltspunkt für die Ratingbeurteilung durch Banken zu erhalten. Durch ein selbsterstelltes Rating sollte für den Leser im Vordergrund stehen,

– die Systematik in den Banken zu verstehen,

– eine Ausgangsbasis für eine Stärken-Schwächen-Analyse zu legen und

– beides zu nutzen, um sich auf das Bankenrating einzustellen.

Die Betrachtung der einzelnen Ratingkriterien wird im Folgenden aus der Blickrichtung einer Bank vorgenommen und zeigt auf, worin sie im Einzelnen besondere Risiken oder Einflussfaktoren sieht. Die Kriterienauswahl folgt den Verfahren der Banken und dient der Erläuterung der Systematik ebenso, wie damit Empfehlungen gegeben und Einflussmöglichkeiten oder Maßnahmen aufgezeigt werden.

Durch die unterschiedlichen Punktzahlen erfolgt bereits eine Gewichtung der Schwerpunkte in der Betrachtungsweise von Banken. Daneben fällt bei einer eingehenderen Betrachtung der Kriterien eine weitere Gewichtung auf, da zwischen den einzelnen Kriterien Abhängigkeiten bestehen. So kann in der Führungsqualität sicherlich keine gute Einschätzung erzielt werden, wenn das Rechnungswesen mangelhaft ist. Und eine dauerhaft unzureichende Liquidität hat in der Regel nicht nur Auswirkungen auf die Finanzstruktur, sondern auch auf die Beziehungen zur Bank.

Diese gegenseitigen Abhängigkeiten führen dazu, dass negative Entwicklungen mehrfach in die Beurteilung einfließen. Andererseits liegen hier aber Möglichkeiten der Einflussnahme, damit nicht durch die Verschlechterung eines Kriteriums gleichzeitig mehrere betroffen sind. Zum Beispiel muss eine vorübergehend angespannte Liquiditätslage nicht zwangsläufig die Beziehungen zur Bank belasten.

Einem Unternehmer muss allerdings immer bewusst sein, mit welcher Motivation eine Bank ein Rating vornimmt. Es geht ihr einzig um die Erkenntnis, wie hoch ihr Risiko im Kreditgeschäft ist und mit welchen Ausfällen sie zu rechnen hat. Das juristische Prinzip „Im Zweifel für den Angeklagten" findet keine oder nur ausnahmsweise Anwendung.

Im Gegenteil wird eine Bank, wenn sie sich unschlüssig über die vorzunehmende Beurteilung qualitativer Faktoren ist, eine negativere Beurteilung aufgrund des Vorsichtsprinzips wählen. Insofern dürfte ein externes Rating die wirtschaftliche Bonität objektiver darstellen. Umgekehrt werden Banken aber ein vorgelegtes externes Rating gerade unter diesem Aspekt besonders kritisch überprüfen.

4.2 Erläuterungen zum Formular und den Gewichtungen

Die bereits vorgestellten Beurteilungsgruppen sind im Formular weiter untergliedert, um die Vielzahl von Kennzahlen und Einschätzungsfragen zumindest ansatzweise abzubilden. Mit einer Ausnahme (Zeitnähe der Informationen) wird jedes Kriterium mit einer von fünf möglichen Noten beurteilt. Lediglich drei Noten würden zu einer Schwarz-Weiß-Betrachtung führen, d. h. über oder unter dem Durchschnitt liegende Beurteilungen würden nicht differenziert, mehr als fünf würden die Systematik aber unnötig unübersichtlich machen.

Durch die Gewichtung sind einige von Banken besonders beachtete Kriterien (Rechnungswesen, Beziehungen zur Bank, Ertragslage, Eigenkapital, Zeitnähe der Informationen und Entwicklung laut Planung) hervorgehoben. In der Praxis der Banken findet sich ebenfalls eine unterschiedliche Gewichtung einzelner Kennzahlen. Dabei sind diese Gewichtungen als Stellräder zu verstehen, an denen die Güte des Verfahrens, künftige Risiken zu erkennen, justiert werden kann.

Als Besonderheit ist der Punkt „Beziehungen zur Bank" zu sehen, der sechs Unterpunkte enthält. Diese gehen jedoch nicht einzeln in die Berechnung ein, sondern aus ihnen wird ein Durchschnitt ermittelt. Dabei ist kaufmännisches Runden zu beachten. Wird beispielsweise in allen sechs Kriterien eine Punktzahl von 15 (entspricht fünfmal gut und einmal schlecht) erreicht – d. h. ein rechnerischer Durchschnitt von 2,5 – so führt dies nur noch zu einer befriedigenden Gesamtbeurteilung der „Beziehungen zur Bank".

Mit der Gesamtsumme aller drei Beurteilungsgruppen kann aus der Tabelle der Kundenrisikograd abgelesen werden. So ergibt eine Punktzahl von 23 den Risikograd A. Die Einbeziehung der Sicherheiten wird in einem späteren Kapitel erläutert.

Die nachstehende Abbildung zeigt die Gewichtungen der einzelnen Gruppen. Die Prozentsätze gelten allerdings nur für den Fall, dass in allen drei Beurteilungsgruppen jeweils die gleiche Einschätzung, z. B. gut, vorgenommen wurde. Da dies in aller Regel nicht der Fall sein wird, sondern vielmehr sehr unterschiedliche Beurteilungen der einzelnen Kriterien zutreffen werden, dienen die Durchschnittswerte lediglich als Anhaltspunkt für die Gewichtung dieses Ratingformulars.

Im Einzelfall weichen die Gewichtungen von diesen Durchschnittswerten erheblich ab, wie folgendes Beispiel zeigt. Werden die Gruppen Vergangenheit und Zukunft jeweils insgesamt mit „sehr gut" bewertet (Punktzahl zusammen: 16) und das Management mit „schlecht" (29 Punkte), so hat die Managementbeurteilung einen Anteil von 64 % an der Gesamtpunktzahl von 45. Dieses Beispiel – ein miserables Management mit exzellenten Vergangenheits- und Zukunftsbeurteilungen – ist sicherlich nicht realistisch, macht aber deutlich, wie stark die Gewichtung im Einzelfall von den Durchschnittswerten abweichen kann.

	sehr gut	gut	befr.	ausr.	schlecht	Durchschnitt
Management	5 23,8 %	10 24,4 %	15 23,8 %	21 24,1 %	29 24,8 %	24,3 %
Vergangenheit	6 28,6 %	12 29,3 %	18 28,6 %	26 29,9 %	34 29,1 %	29,2 %
Zukunft	10 47,6 %	19 46,3 %	30 47,6 %	40 46,0 %	54 46,2 %	46,5 %
Gesamtpunktzahl	21	41	63	87	117	100,0 %

Abbildung 4: Durchschnittliche Gewichtung

Zum Vergleich einige Gewichtungen verschiedener Banken, wobei es sich ebenfalls jeweils um durchschnittliche Werte handelt:

Commerzbank: 56 % Jahresabschlussbewertung
24 % aktuelles Zwischenergebnis und Aktualität des Jahresabschlusses
20 % Unternehmenspotenzial (Markt-, Führungspotenzial, Produktion und Beschaffung)

Deutsche Bank: 30 % Finanzielle Verhältnisse
31 % Marktstellung und wirtschaftliches Umfeld
12 % Managementqualität
27 % Kontoführung

Dresdner Bank: 60 % Finanzrating (Profitabilität, Finanzlage, Jahresabschlusspolitik, Diversifizierung)
40 % Strukturrating (Wettbewerbsposition, Zukunftsaussichten, Management)

Sparkassen: 60 % Bilanzbewertung
10 % Kontoführung
30 % qualitative Faktoren
(Das Vorkommen von Warnsignalen führt zwingend zur Abwertung.)

Volksbanken: 60 % quantitative Faktoren aus dem Jahresabschluss
40 % qualitative, zukunftsgerichtete Kriterien inklusive Managementbeurteilung und Kontoführung

Zu erkennen sind die bereits mehrfach erwähnten Unterschiede zwischen den einzelnen Bankengruppen hinsichtlich der Begriffsverwendung, aber auch der Gewichtung.

5 Die Kriterien der drei Beurteilungsgruppen

5.1 Managementqualifikation

Managementqualifikation	sehr gut	gut	befr.	ausr.	schlecht	Bewertung
Management						
Unternehmenskonzept	1	2	3	4	5	
Führungsqualität	1	2	3	4	5	
Nachfolgeregelungen	1	2	3	4	5	
Rechnungswesen	1	2	3	5	7	
Beziehungen zur Bank			Summe a-f) : 6			
a) Dauer der Kundenbeziehung	1	2	3	4	5	
b) Kontoführung	1	2	3	4	5	
c) Einhalten von Kreditlinien	1	2	3	5	7	
d) Informationsverhalten	1	2	3	5	7	
e) Einhalten von Absprachen	1	2	3	5	7	
f) Warnsignale	1	2	3	5	7	

Abbildung 5: Ratingschema – Managementqualifikation

Wie kommen Bankmitarbeiter zu einer Beurteilung der Unternehmensorganisation und insbesondere der Managementqualifikation? Sind vor allem die Mitarbeiter in den Kreditabteilungen doch zumeist auf die „Aktenlage" angewiesen. Weil es hier an objektiven Maßstäben mangelt, versuchen Banken aus Betriebsbesichtigungen, Gesprächen mit ihrem Kunden, dem Umgang mit Mitarbeitern, dem Ansehen bei Dritten, der Qualität von Zahlenmaterial, das sie erhalten, und letztlich aus dem Verhalten gegenüber der Bank Anhaltspunkte für eine Beurteilung dieser qualitativen Faktoren zu gewinnen.

Dies mag für Unternehmer unbefriedigend sein. Banken können aber eine Führungsstruktur und die dazugehörigen Qualifikationen nicht in der Tiefe beurteilen wie ein hierzu in einem Unternehmen engagierter externer Unternehmensberater. Der damit verbundene Zeit- und Kostenaufwand würde dies nicht rechtfertigen.

Gerade in diesem Bereich bestehen die meisten Abhängigkeiten mit anderen Kriterien, sodass gewonnene Eindrücke sehr wohl auf ihre Richtigkeit hin überprüft werden können. Kann ein Management noch positiv beurteilt werden, wenn dauerhaft, über Jahre hinweg die Ertragslage oder Eigenkapitalausstattung völlig unbefriedigend ist? Oder trotz guter Ertragslage ständig eine Vielzahl hoher Forderungswertberichtigungen entstehen, sodass eine

Bank sich fragen muss, ob ihr Kunde die richtige Abnehmerstruktur hat oder nicht in der Lage ist, seine Abnehmer zu beurteilen.

Die bestehenden Abhängigkeiten zwischen den Beurteilungskriterien bieten eine Reihe von Möglichkeiten, Einfluss auf das Rating zu nehmen. Bei den qualitativen Faktoren kommt es ganz wesentlich darauf an, wie ein Unternehmer sich selbst und sein Unternehmen seiner Bank präsentiert. Im Unterschied dazu sprechen die quantitativen Faktoren in der Regel für sich und ihre Bewertung ist kaum beeinflussbar, weder durch den Kreditnehmer noch durch Bankmitarbeiter.

5.1.1 Management

Zum **Unternehmenskonzept** gehören zwar auch die Organisation, die maschinelle Ausstattung und der Standort. Doch möchte ich im Folgenden die Betrachtung mehr auf die konzeptionelle Denkweise richten. Bei einem Bankenrating steht im Vordergrund festzustellen, ob ein Kreditnehmer eine dauerhaft erfolgreiche Zukunft hat und damit die Rückzahlung seiner Kredite gesichert ist. Dies hängt ganz wesentlich davon ab, ob ein Unternehmen sich vorrausschauend aufgestellt hat und auf kommende Unwägbarkeiten reagieren kann.

Unter **Führungsqualität** wird nicht nur die Firmenspitze beurteilt, sondern ebenso Kriterien wie Managementqualifikation, Personalstruktur, Firmenorganigramme oder Betriebsabläufe. Insofern könnten auch die **Nachfolgeregelungen** hierunter mit einbezogen werden. Diese werden jedoch von den Banken als ein besonders gravierendes Kriterium angesehen, da mittelständische Betriebe zumeist auf den Firmeninhaber zugeschnitten sind. Insofern wird dieser Punkt separat behandelt und hat damit auch ein stärkeres Gewicht.

5.1.1.1 Unternehmenskonzept

Geht ein Existenzgründer zu einer Bank und möchte für seinen Start Kredite aufnehmen, gilt es als selbstverständlich, dass er ein schriftlich ausgearbeitetes, von einem Berater überprüftes Unternehmenskonzept vorlegt. In diesem ist sein Vorhaben hinsichtlich

– Beschreibung des Geschäftszwecks,

– vorgesehener Markterschließung und potenzieller Wettbewerber

– Produktionsstandort und technischer Ausstattung,

– Rechtsform und Gesellschafterverhältnisse,

– Finanzierungsplan und Herkunft der Eigenmittel sowie

– möglicher Sicherheiten

beschrieben. Bei bestehenden Betrieben kann man oftmals den Eindruck haben, ein solches Unternehmenskonzept ist, wenn es denn überhaupt jemals bestand, in Vergessenheit geraten. Dabei ist in unserer schnelllebigen Zeit das ständige Neu-Einstellen auf veränderte Märkte und Rahmenbedingungen und sich damit immer wieder neu bewähren zu müssen, zumindest teilweise mit einer Existenzgründung vergleichbar.

Ein Unternehmer mag sich etwa die Frage stellen, wie sein Unternehmen vor zehn Jahren im Vergleich zu heute ausgesehen hat. Er wird vermutlich feststellen, dass es sich dabei eigentlich um zwei verschiedene Unternehmen handelt. Er hat also in der Zwischenzeit eine völlige Neuorientierung, vielleicht sogar fast eine Neugründung vorgenommen, ein neues Konzept hierfür jedoch in aller Regel nicht erstellt.

Gerade diese Veränderungen bilden den Boden für die Risiken, die Banken in einem fehlenden oder unzureichenden Unternehmenskonzept sehen. Antworten auf folgende Fragen sollten deswegen der Bank vermittelt werden:

- Wie geht das Unternehmen mit sich verändernden Produkten, Märkten, Abnehmer- oder Lieferantenstrukturen um?
- Wie kreativ ist das Unternehmen, mit Neuentwicklungen auf veränderte Rahmenbedingungen zu reagieren?
- Gibt es eine Art Unternehmensphilosophie oder feste Geschäftsgrundsätze?
- Gibt es Visionen über die Unternehmenszukunft, die auch durch entsprechende Konzepte oder ausgearbeitete Ertrags- und Investitionspläne dokumentiert sind?

Man kann solche Fragen auch so zusammenfassen: Ist der Unternehmer ein Unternehmer im Sinne des Wortes, d. h. unternimmt er etwas planvoll und zielorientiert? Oder ist er eher jemand, der lediglich reagiert, wenn es denn anders nicht mehr geht?

Besser, als der Bank nur mündlich Pläne, Konzepte oder Visionen mitzuteilen, wäre es, ernsthaft über die Erstellung eines Unternehmenskonzeptes nachzudenken. Als Anregung hierzu soll die Frage dienen: Wo will ich als Unternehmer in fünf oder zehn Jahren stehen? Diese Frage sollte hinsichtlich unterschiedlichster Begriffe wie Größe meines Unternehmens, Erschließung neuer und Aufgabe alter Märkte und Produkte, aber auch der angestrebten privaten Lebens- und Vermögenssituation beantwortet werden.

Die daraus resultierenden Ziele, Wünsche und Visionen sind nicht alle für die Weitergabe an eine Bank geeignet. Vielleicht entsteht aus dieser Frage aber eine schriftliche Dokumentation, die die oben aufgeworfenen Fragen beantwortet. Damit besteht eine Chance, die eigenen Fähigkeiten im unternehmerischen Denken der Bank gegenüber darzustellen und gegebenenfalls ihr den für sie relevanten Teil der Dokumentation zu übergeben.

Darüber hinaus können auch andere Fragen der nachfolgenden Kapitel beantwortet werden, insbesondere zur Unternehmensführung und zu bereits angedachten oder eingeleiteten Nachfolgeregelungen.

5.1.1.2 Führungsqualität

Risiken, die eine Bank in der Beurteilung der Führungsqualität sieht, können am Beispiel Verhalten mit veränderten Rahmenbedingungen dargestellt werden und folgende Ausprägungen besitzen:

- Veränderte Rahmenbedingungen für die Geschäftsentwicklung werden nicht oder zu spät erkannt.
- Sie werden erkannt, aber es wird nicht oder zu spät reagiert.
- Konzepte als Reaktion werden erstellt, aber es fehlt ganz oder teilweise die Fähigkeit, diese umzusetzen.
- Konzepte werden umgesetzt, aber eine Kontrolle des Umsetzungserfolges fehlt ganz oder teilweise.

Hieraus lassen sich Anforderungen an eine als gut zu bewertende Führungsqualität ableiten. Um veränderte Bedingungen erkennen zu können, ist sicherlich zunächst eine hohe Fachkompetenz erforderlich. Darunter sind nicht nur die Kenntnisse und Fähigkeiten zur Ausführung des eigenen Geschäftszwecks (Produktentwicklung, technische Abläufe, Maschinenpark usw.) zu verstehen, sondern auch die Kenntnisse über den Markt (Wettbewerber, Kunden, Innovationen). Ferner gehört auch Erfahrung dazu, Veränderungen in ihren Auswirkungen richtig einschätzen zu können.

Notwendig für eine Reaktion sind konzeptionelles Denken, Problemlösungsvermögen und -willen, Entscheidungsvermögen und die Fähigkeit zur Delegation. Denn hierzu sind auch die Mitarbeiter des Unternehmens erforderlich. Delegation ist dabei bereits ein Teil des Umsetzungsprozesses, zu dem aber auch die Durchsetzungsfähigkeit gehört. Zu guter Letzt müssen in einem Unternehmen die erforderlichen Führungs- und Steuerungsinstrumente vorhanden sein, um die gewünschte Umsetzung in ihrer Effizienz kontrollieren zu können.

Da ich nicht den Anspruch erheben möchte, in einer derart kurzen Darstellung Führungsqualität vollständig und umfassend beschreiben zu wollen, mögen hier manche Einflussfaktoren fehlen. Aber letztlich geht es hier nicht um eine wissenschaftliche Betrachtung, sondern „nur" um den Eindruck, den eine Bank von ihrem Kunden als Führer seines Unternehmens und seiner Mitarbeiter gewinnt.

Gerade hier wird der subjektiven Wahrnehmung der genannten Faktoren durch die Bank eine hohe Bedeutung zukommen. Ich bin überzeugt, dass in einer Diskussion über die Bewertung der persönlichen Führungsqualität das Selbstbild des Unternehmers und das Fremdbild der Bank von ihm weiter auseinander klaffen als bei allen anderen Beurteilungskriterien.

Direkten Einfluss auf die Beurteilung dieses Punktes wird man nicht nehmen können. Denn eine Bank wird die Indizien hierfür in anderen Kriterien finden, wie z. B.:

- Fachkompetenz spiegelt sich auch im visionären Denken einer guten Unternehmenskonzeption wider.

- Marktkenntnisse sind die Basis für eine erfolgreiche Vertriebsstärke und Ertragsentwicklung.
- Und Hinweise auf die Fähigkeiten, den Umsetzungsprozess zu begleiten, finden sich sowohl in einer guten Managementstruktur wie in einem funktionsfähigen Rechnungswesen.

Dies bedeutet, dass ein Unternehmer anderen Ratingkriterien sein Augenmerk widmen muss, um seine Führungsqualität darzustellen.

Zu einer Beurteilung der Führungsqualität gehören auch die Personalstruktur und die Qualifikation der Leitungsebene unter dem Firmeninhaber. In der Regel steht von diesen beiden Aspekten zwar die Betrachtung der zweiten Leitungsebene im Vordergrund. Doch möchte ich zunächst einige Fragen zur Beurteilung der Personalstruktur aufführen, die entweder bei einzelnen Unternehmen eine besondere Bedeutung oder bei einzelnen Banken im Rating eine stärkere Gewichtung besitzen können:

- Gibt es eine Ausbildungspolitik im Unternehmen oder zumindest eine erkennbare Nachwuchsförderung?
- Wie hoch ist die Mitarbeiterfluktuation (gegebenenfalls: Was sind die Ursachen?), und wie hoch ist der durchschnittliche Krankenstand?
- Wie ist das Verhältnis zu einem eventuell vorhandenen Betriebsrat und wie ist das Betriebsklima einzuschätzen?
- Gibt es klare Aufgaben- und Vertretungsregelungen, und ist ein schriftliches Mitarbeiterorganigramm vorhanden?
- Werden die Mitarbeiter am Erfolg des Unternehmens beteiligt, und gibt es Vereinbarungen über die Erreichung von Zielen?

Hieraus eventuell resultierende Probleme für ein Unternehmen werden voraussichtlich nur im Einzelfall von gravierender Bedeutung sein.

Anders sieht die Betrachtung der zweiten Leitungsebene aus. Bei kleineren Betrieben besteht diese möglicherweise nur aus einem Buchhalter oder einem Betriebsleiter. Neben der Qualifikationsfrage dieser für den Inhaber wichtigen Vertrauensperson oder dieses oftmals unentbehrlichen Spezialisten ergeben sich für die Bank zwei nicht zu unterschätzende Problemkreise:

- Ist diese Person in der Lage, von heute auf morgen die Vertretung des Firmeninhabers zu übernehmen (z. B. bei einem Unfall)?
- Welche Konsequenzen hat ein überraschendes Ausfallen dieser Person (bei Kündigung oder ebenfalls bei einem Unfall)?

Bei größeren Betrieben ist die zweite Ebene durch mehrere Personen besetzt. Diese könnte sich aus den Leitern Einkauf, Vertrieb, Personal und Betriebsleiter zusammensetzen oder gar noch weiter aufgefächert sein. Auch für diese Unternehmen stellen sich die gleichen Fragen, die allerdings ergänzt werden müssen:

- Wer aus der zweiten Ebene könnte von heute auf morgen die Vertretung des Firmeninhabers übernehmen, und wie ist seine Qualifikation hierfür?
- Gibt es Vertreter für die Abteilungsleiter, die sofort an deren Stelle treten könnten?
- Wie hoch ist die Fluktuation in der zweiten Ebene?
- Sind die Aufgaben der Abteilungsleiter klar abgegrenzt?
- Wie ist das Verhältnis untereinander und zum Firmeninhaber?

Diese Fragen werden nicht unbedingt von Banken gestellt. Zuweilen greifen Banken auch hier auf einen subjektiven Eindruck zurück, untermauert durch diesbezügliche Indizien bei anderen Beurteilungskriterien.

Empfehlenswert scheint mir jedoch für den Unternehmer zu sein, gelegentlich diese Fragen zu überdenken, vielleicht auch im Zusammenhang mit dem Überprüfen der eigenen Unternehmenskonzeption. Unabhängig davon sollte die Bank zumindest über die bestehenden Vertretungsregelungen für den Notfall informiert sein.

5.1.1.3 Nachfolgeregelungen

Eine irgendwann getroffene Kreditentscheidung ist von einer Vielzahl von Faktoren abhängig, wobei aber die handelnden Personen und das Vertrauen in sie wie auch in ihre Kenntnisse und Fähigkeiten eine bedeutende Rolle spielen. Ferner steht für eine Bank immer auch im Mittelpunkt, ob die Zahlung der vereinbarten Zinsen und vor allem der Tilgung *langfristig* gesichert ist.

Ab einem Alter des Firmeninhabers von 50 wird sich eine Bank daher Gedanken darüber machen, ob die Fortführung des Geschäftes ihres Kreditnehmers langfristig gesichert ist. Neben dem bereits angesprochenen plötzlichen Ausfall durch Unfall kann dies nun zunehmend auch aus gesundheitlichen Gründen gefährdet sein. In beiden Fällen kommt der zweiten Leitungsebene eine besondere Bedeutung zu. Hier sei auf das vorhergehende Kapitel verwiesen.

In kleinen und mittleren Unternehmen gibt es aber häufig noch eine andere Person, die in diesen Fällen zur Verfügung stehen könnte. Häufig ist die Ehefrau in den Geschäftsbetrieb mit einbezogen. Ist vorgesehen, dass sie bei einem plötzlichen Ausfall die Geschäfte weiterleiten soll, so ist es besonders empfehlenswert, der Bank zu erläutern, welche Maßnahmen bereits eingeleitet wurden, um ihr eine schnelle Übernahme des Geschäftsbetriebes zu ermöglichen.

In erster Linie interessiert sich aber eine Bank für die langfristig geplante Nachfolge. Dabei steht allerdings nicht die Frage nach dem Wer im Vordergrund, sondern wie der Betreffende auf diese Aufgabe vorbereitet wird. Beispiele für Fragen, die sich eine Bank stellen wird:

- Gibt es einen systematischen Aufbau der notwendigen Fach- und Marktkenntnisse?
- Wie wird der Nachfolger sich ein Mindestmaß an Erfahrung aneignen können?
- Ist die Zusammenarbeit zwischen dem bisherigen Inhaber und seinem Nachfolger, z. B. Vater und Sohn, im Vorfeld der Firmenübergabe konfliktfrei möglich?

Die familiäre Nachfolge kann jedoch nicht losgelöst von der Erbfrage betrachtet werde, insbesondere wenn der ausgewählte Nachfolger noch Geschwister besitzt. Eine Auszahlung auch nur des Pflichtteils aus dem Firmenvermögen hat in der Vergangenheit schon so manches renommierte Unternehmen an den Rand des Zusammenbruchs oder gar in die Insolvenz geführt. Insofern benötigen Banken auch Kenntnisse darüber, wie die Erbregelungen vorgesehen sind.

Ferner wird sich die Frage nach der künftigen rechtlichen Konstellation stellen. Bleibt es bei der bisherigen, oder ist ein Wechsel aus steuerlichen oder sonstigen Gründen gewünscht oder notwendig?

Spätestens ab dem bereits genannten Alter ist es erforderlich, sich über die in diesem Abschnitt aufgeworfenen Fragen Gedanken zu machen. Auch diese Überlegungen können in eine Überprüfung oder Neugestaltung einer Unternehmenskonzeption einfließen. Berater sind bei diesem ohnehin sehr komplexen Thema dringend erforderlich. Banken kennen die hierfür erforderlichen Spezialisten, insbesondere zum Thema Erbrecht, weswegen eine Besprechung mit dem Kundenbetreuer zusätzlich sinnvoll ist.

Ebenso können sie helfen, wenn kein geeigneter Nachfolger vorhanden ist. In ihrem eigenen Interesse, eine kontinuierliche Fortführung des Unternehmens sichergestellt zu wissen, werden sie mit ihren nicht unerheblichen Möglichkeiten versuchen, Kandidaten zu finden, die für eine käufliche Übernahme bereit und in der Lage sind. Ansprechpartner sind selbstverständlich auch die Handwerkskammern und die IHK-Niederlassungen mit ihren Netzwerken. Ferner können über sie gegebenenfalls professionelle Unternehmensmakler eingeschaltet werden.

5.1.2 Rechnungswesen

Für Banken ist das Rechnungswesen die wichtigste Informationsquelle für die Beurteilung der aktuellen Situation und möglicher künftiger Risiken eines Unternehmens. Daher ist eine eigenständige Beurteilung nicht nur sinnvoll, sondern entspricht der gängigen Praxis, vor allem in der stärkeren Gewichtung bei negativen Ausprägungen.

Vor Jahren lernte ich einen Unternehmer kennen, der die geschäftliche Entwicklung seines Unternehmens mit Hilfe einer „Pappe" kontrollierte. Er nannte dieses Instrument so, weil es in der Tat lediglich ein DIN-A3-Blatt aus Pappe war. Aus den Daten seines Rechnungswesens wurden täglich Kontostände bei den Banken, Forderungs- und Lagerbestände sowie Lieferantenverbindlichkeiten von einer Mitarbeiterin eingetragen.

Aus der aktuellen Entwicklung und dem Vergleich mit dem Vorjahreszeitraum war er in der Lage, mit Hilfe dieser wenigen Zahlen seine aktuelle geschäftliche Situation relativ genau zu beurteilen und kannte die für ihn wichtigsten Eckdaten exakt. Entsprechend schnell konnte er Fragen nach Beständen oder seiner aktuellen Liquidität beantworten.

Sicherlich ist dies kein empfehlenswertes Instrumentarium und erst recht kein Ersatz für ein umfassend aussagefähiges Rechnungswesen, das er allerdings auch besaß. Aber wie häufig müssen Unternehmer, wenn sie mit der Bank zusätzlichen Überziehungsbedarf abstimmen wollen, erst mit ihrer Buchhaltung Rückfragen der Bank klären. Fragen zur aktuellen Umsatz- und Ertragsentwicklung im Vergleich zum Vorjahr, zur Höhe von Forderungsbeständen, erwarteten Eingängen und fälligen Verbindlichkeiten. Fragen, die zu beantworten, eigentlich selbstverständlich sein sollte.

Auch wenn es sich in dem Beispiel um ein unorthodoxes und nicht zur Nachahmung empfohlenes Hilfsmittel handelt, erfüllt es dennoch die wesentlichste Bedingung eines funktionsfähigen Rechnungswesens, die notwendige Zeitnähe. Was nützt es einem Unternehmer, wenn er heute erfährt, wie die Ertragslage vor drei Monaten war?

Oftmals wird dies damit begründet, dass erst die Datev-Auswertungen vom Steuerberater abgewartet werden müssen, die sich beispielsweise wegen verspäteter Einreichung des Buchungsmaterials verzögern oder die ohnehin nur quartalsweise erstellt werden. Dann ist die genannte „Pappe" möglicherweise doch der bessere Weg, um zeitnah steuernd auf insbesondere negative Entwicklungen reagieren zu können.

Das Rechnungswesen muss auch über eine sehr gute Aussagefähigkeit verfügen. Damit ist insbesondere die schnelle Erkennbarkeit der bedeutendsten Kennzahlen gemeint. Im Unterschied dazu sind Zahlenfriedhöfe, die eine Vielzahl von Zahlen und Auswertungen beinhalten, aber eine mühselige Suche nach dem Wesentlichen erfordern, nur für detaillierte, in die Tiefe gehende Analysen geeignet.

Die Qualität des Rechnungswesens hängt ferner von den handelnden Personen ab. In erster Linie ist dies der Unternehmer selbst. Besitzt er das nötige Verständnis für die Zahlenwerke zur Steuerung seines Unternehmens? Gerade bei eher technisch Orientierten ist die Abneigung gegenüber der eigenen Buchhaltung häufig anzutreffen. Und so wichtig eine gute und vor allem funktionssichere EDV-Ausstattung ist, so wichtig ist auch, dass die damit arbeitenden Mitarbeiter über die entsprechenden Kenntnisse und Qualifikationen hierfür verfügen.

Indizien, aus denen eine Bank auf die Qualität eines Rechnungswesens schließen kann, können so zusammengefasst werden:

- Wie schnell kann der Unternehmer Fragen zur aktuellen Geschäftsentwicklung beantworten – auf Anhieb, nach Rückfrage mit der Buchhaltung oder erst nach Vorlage von Auswertungen des Steuerberaters?
- Wie verlässlich sind diese Angaben? Stimmen sie mit den später eingereichten Bilanzen überein?

Zweifel an der Qualität des Rechnungswesens eines Unternehmens werden im Rating immer Auswirkungen auf die Beurteilung der Führungsqualität, der Managementstruktur und – im schlimmsten Fall – der Beziehungen zur Bank, insbesondere im Informationsverhalten, haben. Für die Kommunikation mit Banken sind ein Verständnis der unterschiedlichen Zahlenwerke, das Erkennen von erforderlichen Konsequenzen und der Umgang mit Controllinginstrumenten unerlässlich. Sofern ein Unternehmer in wirtschaftlichen und/oder finanziellen Fragen unsicher ist, bedarf es einer Unterstützung durch hierzu qualifizierte Mitarbeiter, durch den Steuerberater oder gegebenenfalls andere, externe Berater.

Bislang bewerten Banken die Qualifikationen Dritter, die für das Unternehmen tätig sind, noch nicht oder allenfalls vereinzelt. Eine Konsequenz in der Weiterentwicklung von Ratingverfahren scheint mir aber zu sein, künftig die Beurteilung der Steuerberater bzw. Wirtschaftsprüfer in ihrer Bedeutung für ein zu beurteilendes Kreditengagement einzubeziehen.

Dabei wird es im Wesentlichen um die Frage gehen, ob sie nur die Buchhaltung „abarbeiten" oder auch negative Entwicklungen erkennen und mit ihrem Mandanten besprechen. Gerade für Unternehmen, die nicht über eine eigene Controllingabteilung verfügen, ist ein kompetenter Steuerberater der ideale Gesprächspartner für die Diskussion über Problemstellungen und deren Lösungen wie auch für die Besprechung von Soll-Ist-Vergleichen und eine notwendige Abweichungsanalyse.

5.1.3 Beziehungen zur Bank

Genau betrachtet gehören die Beziehungen zur Bank nicht zur Managementbeurteilung, sondern bilden einen eigenständigen Punkt, was in manchen Ratingverfahren auch so gehandhabt wird. Im vorliegenden Schema wurde dieses Kriterium hier eingebaut, da das Management eines Unternehmens nun mal der Gesprächspartner der Bank ist.

Die Beurteilungskriterien der Beziehungen zur Bank sind:

- Dauer der Kundenbeziehung
- Kontoführung
- Einhaltung vereinbarter Kreditlinien
- Informationsverhalten

- Einhaltung von Absprachen
- Vorkommen von Negativmerkmalen (=Warnsignale)

Für Kreditnehmer ist das Verhalten gegenüber der Bank deswegen von hoher Wichtigkeit, weil sie hieraus Rückschlüsse auf die Verlässlichkeit und die Vertrauenswürdigkeit zieht.

5.1.3.1 Dauer der Kundenbeziehung

Warum hat die Dauer der Kundenbeziehung Einfluss auf die Bewertung? Banken haben die Erfahrung gemacht, dass neue oder junge Kundenverbindungen, insbesondere in den ersten fünf Jahren nach Gründung eines Unternehmens, häufiger Probleme bereiten als länger bestehende. Darüber hinaus ist natürlich eine Beurteilung der übrigen Kriterien zu den Bankbeziehungen bei neuen Verbindungen schwieriger, da Erfahrungen noch nicht oder nicht ausreichend vorliegen. Für viele Banken ist daher, anders als in dem hier dargestellten Ratingformular, die Dauer der Kundenbeziehung ein eigenständiger und damit in der Gewichtung höher angesiedelter Bewertungspunkt.

Aus der Natur der Sache ergibt sich leider, dass auf dieses Kriterium kaum Einfluss genommen werden kann. Das Alter einer Bankverbindung bleibt so, wie es ist. Eine Einflussmöglichkeit gibt es aber doch. Bestehen Überlegungen, auf längere Sicht eine neue Bankverbindung einzugehen. ist es vielleicht angebracht, dies rechtzeitig oder sofort umzusetzen, auch wenn noch keine Notwendigkeit besteht.

Wird in einigen Jahren dann bei der neuen Bank ein Kredit aufgenommen, so wird das Rating in diesem Punkt anders, und zwar besser ausfallen, als wenn zum Zeitpunkt der Kreditaufnahme die Bankverbindung entstanden wäre. Selbstverständlich setzt dies eine langfristige Finanzierungsstrategie voraus und bedeutet auch, dass eine solche Bankverbindung aktiv in den Zahlungsverkehr einbezogen wird, d. h. die Bank ihren neuen Kunden kennen lernen kann.

5.1.3.2 Kontoführung

Aus der Kontoführung kann eine Bank eine Reihe von Erkenntnissen gewinnen. Gleichzeitig ist sie auch einer der wichtigsten Frühindikatoren für eine sich abzeichnende Verschlechterung wirtschaftlicher Verhältnisse. Die Kontoführung kann mit folgenden Begriffen klassifiziert werden:

- *flüssig:* Kreditlinien werden kaum oder nicht in Anspruch genommen, d. h. überwiegend Kontoführung auf Guthabenbasis.
- *beweglich:* In etwa gleichem Umfang kommen sowohl Haben- wie auch Sollsalden vor, letztere aber nicht über die Kreditlinie hinaus.
- *zu Überziehungen neigend:* Zwar bewegliche Inanspruchnahmen im Rahmen der Kreditlinie, aber mit häufigeren Ausschlägen darüber hinaus.
- *steif:* Kontoführung im Soll ohne große Saldenbewegungen nach unten oder oben.

Die hier gewählte Reihenfolge entspricht der Entwicklung von guten zu schlechten wirtschaftlichen Verhältnissen. Mit Hilfe der monatlichen durchschnittlichen Inanspruchnahme von Kreditlinien kann über einen längeren Zeitraum (ein bis drei Jahre) eine Veränderung in der Kontoführung und damit möglicherweise in der Liquiditätssituation des Kreditnehmers erkannt werden.

Daneben werden monatliche Höchst- und Niedrigstinanspruchnahmen der Kreditlinie ermittelt. Aus Veränderungen dieser Werte in einem bestimmten Zeitraum lassen sich ebenfalls Indizien für die Liquiditätslage eines Unternehmens gewinnen.

Weitere Erkenntnisse findet die Bank im Umfang der über sie abgewickelten Umsätze. Werden über einen Zeitraum von ein, zwei Jahren Rückgänge der Geldeingänge erkennbar, so kann dies zwar auf Verlagerungen von Umsätzen zu anderen Banken hindeuten. Ebenso ist aber auch möglich, dass die Umsätze eines Kunden rückläufig sind. Deswegen ist auch dieser Punkt ein Frühindikator für eine Bank.

Zuletzt ist natürlich auf die einzelnen Kontoumsätze hinzuweisen. Anhand von Verwendungszwecken lässt sich auf die Pünktlichkeit vorgenommener Zahlungen schließen. Verschiebungen feststehender Zahlungstermine, insbesondere für Löhne und Gehälter, werden in der Regel einer Bank nicht entgehen.

Veränderungen in der Kontoführung sind für eine Bank natürlich nur Indizien für sich verändernde wirtschaftliche Verhältnisse. Die Ursachen können durchaus in völlig anderen Gründen liegen als in einer Veränderung der Ertragslage ihres Kreditnehmers. Verschlechterte Zahlungsmoral der Abnehmer, fehlende Geldeingänge aufgrund des Sommerlochs, Saisonverschiebungen, verzögerte Restzahlungen aus einem Großauftrag mögen hierfür nur ein paar Beispiele sein.

Banken können Veränderungen in der Kontoführung problemlos selbst erkennen. Sie wissen jedoch nicht, worauf diese zurückzuführen sind. Für den Unternehmer sind diese Veränderungen mit hoher Wahrscheinlichkeit frühzeitig erkennbar, d. h. bevor Banken sie sehen können, erst recht, wenn sie durch ihn initiiert wurden. Daher sollte er sie mit seinen Banken besprechen, bevor er hierauf angesprochen wird und in einer Bank vielleicht das erste Fragezeichen an seiner Bonität entstanden ist.

5.1.3.3 Einhaltung vereinbarter Kreditlinien

Die Einhaltung vereinbarter Kreditlinien hat auch Einfluss auf die Vertrauenswürdigkeit in den Kreditnehmer und seine Qualifikation als Unternehmensführer. Ein in Banken beliebter Spruch ist, ein Kunde greife, ohne zu fragen, in das Banken-Portemonnaie. Und wie ein Privatmann, so mögen auch Banken dies nicht. Daher werden gerade nicht abgesprochene Überziehungen besonders negativ bewertet.

Oder wurde eine Überziehung deswegen nicht mit der Bank abgesprochen, weil der Kunde seine verschlechterten Verhältnisse nicht erläutern wollte? Wird der Bank etwas verschwiegen? Fragen, die den in der Bank entstehenden Eindruck und die Zweifel an der Vertrauenswürdigkeit widerspiegeln. Und selbst wenn diese Zweifel ausgeräumt werden können, dann bleibt noch die Frage nach der Managementqualifikation. Kann sie als gut beurteilt werden, wenn der Kunde nicht in der Lage ist, seine finanziellen Notwendigkeiten zu ermitteln und rechtzeitig zu erkennen?

Unternehmen mit einem schlechten wirtschaftlichen Geschäftsgang werden von Banken enger beobachtet, und ihnen wird oftmals auch die Erstellung von Liquiditätsplänen zur Auflage gemacht. Für die anderen, die sich in einem mindestens befriedigenden wirtschaftlichen Zustand befinden, kommt es darauf an, rechtzeitig mit der Bank über vorübergehend erhöhten Kreditbedarf zu besprechen. Die Bank interessiert dann eine nachvollziehbare Begründung, die erwartete Höhe der Überziehung und der voraussichtliche Termin ihrer Erledigung.

Selbstverständlich sollte sein, dass der Kunde seiner Bank ebenso rechtzeitig Verzögerungen mitteilt, z. B. wenn abzusehen ist, dass Geldeingänge nicht wie erwartet erfolgen werden. Ebenso wie eine fehlende Absprache einer Überziehung führt eine nicht plangemäße Erledigung zu einer Negativbeurteilung, wenn sie der Bank nicht vorher begründet wird.

In einem Gespräch über vorübergehend erhöhten Kreditbedarf sollte des Weiteren mit der Bank vereinbart werden, dass nur der reguläre Sollzins berechnet wird und nicht der in der Regel im Kreditvertrag festgelegte, davon abweichende Überziehungszins. Dieser wird von den Banken zumeist damit begründet, er sei nur für nicht abgestimmte Überziehungen anzuwenden. In diesem Gespräch hat aber der Kunde eine vorübergehende Erhöhung seiner Kreditlinie mit der Bank vereinbart, für die dann auch nur der normale Sollzins anzuwenden ist.

5.1.3.4 Informationsverhalten

Das Informationsverhalten ist für Banken der wichtigste Punkt in den Beurteilungskriterien. Denn nur mit frühzeitigen, vollständigen und vor allem richtigen Informationen sind sie in der Lage künftige Risiken korrekt einzuschätzen. Deswegen werden sie Versäumnisse in diesem Bereich besonders negativ vermerken. Und es werden zwangsläufig Zweifel an der Vertrauenswürdigkeit entstehen.

Neben gesetzlichen hat eine Bank auch interne Vorschriften für die Kreditvergabe zu beachten. Nach dem Kreditwesengesetz ist eine Bank verpflichtet, sich bei Krediten ab 250 T€ die finanziellen Verhältnisse offen legen zu lassen. Hieraus kann nun nicht der Umkehrschluss gezogen werden, unterhalb dieses Betrages sei dies nicht erforderlich. Denn dann greifen interne Vorschriften, wonach jeder Kreditnehmer die Fähigkeit zur Rückzahlung anhand geeigneter Unterlagen nachzuweisen hat. Gleiches gilt im Übrigen auch, wenn Kredite vollständig besichert sind. Banken sind nun mal keine Pfandhäuser.

Welche Informationen erwarten Banken von ihren Kreditnehmern? Üblicherweise sind dies Bilanzen, betriebswirtschaftliche Auswertungen und gegebenenfalls Planzahlen und/oder Liquiditätspläne. Daneben sind Steuerbescheide und Vermögensaufstellungen persönlich haftender Gesellschafter erforderlich, wobei kein Unterschied zwischen der Haftung aus der Rechtsform des Unternehmens und der aus Bürgschaften besteht.

Zahlenmaterial allein reicht jedoch nicht. Neu vorgelegtes Material ist in seiner Entwicklung gegenüber älteren Zahlen das Ergebnis unternehmerischer Entscheidungen, die eine Bank selbst mit einem ausführlichen Wirtschaftsprüferbericht nicht erkennen, schon gar nicht nachvollziehen kann. Vielmehr werden sich für eine Bank eine Vielzahl von Fragen ergeben, z. B. nach Gründen für die Entwicklung des Rohertrags oder Veränderungen von Kosten. Diese werden dann in einem persönlichen Gespräch geklärt.

Auf dieses Gespräch bereiten sich die Mitarbeiter aus Banken insbesondere durch Analyse des Zahlenmaterials gewissenhaft vor. Bereiten sich Unternehmer aber in gleicher Weise darauf vor? Und wird die in Bilanzen dokumentierte Vergangenheit noch einmal durchdacht?

Bei der Bankanalyse entstehen zwangsläufig gewisse Eindrücke über die Gründe der wirtschaftlichen Entwicklung ihres Kunden, die, in Unkenntnis unternehmerischer Entscheidungen, nicht unbedingt richtig sein müssen. Insofern erscheint es mir zwingend, Zahlenmaterial den Banken nicht unkommentiert, sondern nur mit Erläuterungen über die Ursachen bedeutender Veränderungen einzureichen.

Der Vorteil liegt nicht nur im Vermeiden falscher Ratingeinschätzungen, z. B. der Managementbeurteilung. Im Erstellen dieser Erläuterungen kann die in den Zahlen dokumentierte, geschäftliche Entwicklung reflektiert und so auch ein späteres Gespräch mit der Bank vorbereitet werden. Die Notwendigkeit einer gründlichen Vorbereitung wird klar, wenn man bedenkt, mit welchem zeitlichen Abstand Bilanzen an die Banken weitergeleitet werden. Mitunter sind die zugrunde liegenden Entscheidungen, z. B. über Personalauf- oder -abbau, Investitionen oder Kostenmaßnahmen, dann bereits älter als anderthalb bis zwei Jahre.

Auf Banken macht es im Bilanzgespräch auch keinen guten Eindruck, wenn ein Unternehmer erst überlegen muss, wie sich Investitionen zusammengesetzt haben, ob der Rohertragsrückgang auf Preissteigerungen im Einkauf oder auf Preisnachlässe im Verkauf zurückzuführen war, oder wie viele Mitarbeiter er beschäftigt hatte – selbst wenn dies alles bereits fast zwei Jahre zurückliegt.

Die Einreichung kommentierter Zahlen hat für Banken zum einen den Vorteil, dass die Zahlen bereits für die Analyse deutlich verständlicher werden. Zum anderen hilft es ihnen auch in der Gesprächsvorbereitung. Je nach Güte der Kommentierung sind dann bereits die meisten Fragen beantwortet, was letztlich auch der Effizienz des bevorstehenden Gesprächs auf beiden Seiten dient. Zu guter Letzt hat sich der Unternehmer mit einer aussagefähigen Kommentierung als kompetenter Gesprächspartner präsentiert.

Nachzutragen ist noch, dass die Kommentierung auch andere Einflussfaktoren umfassen sollte, die in den Zahlen nicht dokumentiert sind. Beispiele hierfür können neue leitende Mitarbeiter, neue Geschäftsfelder oder geplante Investitionen, aber auch zwischenzeitliche Änderungen der Gesellschafterverhältnisse bzw. in der Geschäftsführung sein. Selbstverständlichkeiten, aber es kommt immer wieder vor, dass Banken Gesellschafterveränderungen ihrer Kreditnehmer erst den Veröffentlichungen des Handelsregisters entnehmen müssen.

Gleiches gilt ganz besonders für negative, noch nicht in den Zahlen enthaltene Entwicklungen, wie ein sich abzeichnender Ausfall eines großen Kunden, Schadensersatzprozesse mit ungewissem Ausgang, ein Produkt, das sich zunehmend zum großen Verlustbringer entwickelt, oder gravierende betrügerische Manipulationen von Mitarbeitern.

Oftmals werden diese Probleme in der Hoffnung verheimlicht, sie doch noch lösen zu können. Banken erwarten aber von ihren Kunden, dass sie von sich aus offen und ehrlich – auch hierin liegt die Basis für beiderseitiges Vertrauen – Probleme oder Risiken ansprechen, und zwar rechtzeitig und nicht erst, wenn diese eskalieren.

Irgendwann werden negative Entwicklungen in Bilanzzahlen ohnehin sichtbar. Statt sich vorhalten lassen zu müssen, die Banken nicht oder zu spät informiert zu haben oder – viel schlimmer – gar diese Problemkreise nicht erkannt zu haben, sollte ein Unternehmer vielmehr eine Chance nutzen. Indem er das Problem rechtzeitig mit der Bank bespricht, kann er erläutern, wie er beabsichtigt, damit umzugehen. Das bedeutet aber, er stellt sich als vorausschauender Unternehmer dar, der Probleme rechtzeitig erkennt, diesen nicht aus dem Weg geht, sondern Lösungen sucht und umsetzt.

Ein Verschweigen der Probleme, erst recht ein Nichterkennen, hat erhebliche negative Auswirkungen auf die Beurteilung der Führungsqualität. Umgekehrt kann ein offensives Auftreten im besten Fall eine negativere Bewertung, beispielsweise der Ertragskraft, durch eine bessere oder zumindest unveränderte Beurteilung der Führungsqualität ausgleichen.

Aus Erfahrung weiß ich, dass es vielen Unternehmern schwer fällt, sich Banken gegenüber anzuvertrauen. Es soll auch immer noch den Unternehmer geben, der die Banken nicht zur Finanzierung, sondern nur als ausführendes Organ für seinen Zahlungsverkehr benötigt. Dieser mag mit einer zurückhaltenden Einstellung bezüglich der Offenlegung seiner wirtschaftlichen Verhältnisse recht haben und damit auch existieren können. Für alle anderen gilt jedoch, dass die Bank ein ganz besonderer Geschäftspartner ist, bei dem in sehr hohem Maße Offenheit, Ehrlichkeit und Vertrauenswürdigkeit von Bedeutung sind.

Zusammenfassend möchte ich – weil es so wichtig ist – nochmals betonen, dass Banken zwingend auf Informationen ihrer Kunden angewiesen sind, um ihre eingegangenen Risiken einschätzen zu können. In einer sorgfältigen Aufbereitung des Zahlenmaterials und in einer schlüssigen, plausiblen Kommentierung liegen die größten Chancen, Einfluss auf ein faires Rating zu nehmen und sich als wirtschaftlich kompetenter und damit umso vertrauenswürdigerer Gesprächspartner zu präsentieren.

5.1.3.5 Einhalten von Absprachen

Auch wenn die Einhaltung von Absprachen eigentlich selbsterklärend ist und die Auswirkungen auf die Vertrauenswürdigkeit recht schnell einleuchten, möchte ich doch kurz einige Beispiele aufführen, in denen Banken dies insbesondere meinen. Mit Absprachen sind allerdings weniger die Vereinbarungen über Zins- und Tilgungsleistungen gemeint. Diese einzuhalten, wird als Selbstverständlichkeit betrachtet.

Vielmehr sind hier die vereinbarte, fristgerechte Einreichung von Unterlagen, die Erfüllung von Auflagen oder durch den Kunden zu bestellender Sicherheiten von Bedeutung. Auflagen können Absprachen über die Gleichbehandlung von Kreditgebern, Einhaltung von Negativerklärungen (beides wird unter „Sicherheiten" erläutert), Einreichung von Planzahlen oder Beschränkung von Privatentnahmen sein.

Wenn ein Unternehmer Derartiges vereinbart, so erwartet eine Bank meines Erachtens auch zurecht, dass dies fristgerecht eingehalten wird. Anderenfalls wird sie die Vertrauenswürdigkeit in den Kreditnehmer als eingeschränkt betrachten.

Oftmals werden Zusagen auch vom Steuerberater oder Wirtschaftsprüfer gemacht, z. B. wann Bilanzen vorliegen oder ergänzende Informationen geliefert werden. Die Nichteinhaltung der Zusagen Dritter fällt direkt auf den Kreditnehmer zurück. Daher sollten Unternehmer die Einhaltung solcher Zusagen überwachen und gegebenenfalls mit dem Steuerberater/Wirtschaftsprüfer vereinbaren, eine Rückmeldung über die Erledigung zu erhalten.

5.1.3.6 Vorkommen von Negativmerkmalen (Warnsignale)

Mit Basel II werden Warnsignale formal eine festgeschriebene Bedeutung im Rating erlangen. Die nachfolgenden Negativmerkmale eines Kreditnehmers wurden aber schon immer in Banken besonders beobachtet.

Damit sind nicht nur Scheck- und Lastschriftrückgaben gemeint, die eine Bank aufgrund der Kontoführung bei ihrem Kunden selbst veranlasst hat. Allerdings haben diese bei den meisten Banken über einen Zeitraum von zwei bis drei Jahren einen negativen Einfluss auf die Beurteilung der „Beziehung zur Bank".

Gravierender sind Pfändungs- und Überweisungsbeschlüsse, die von Dritten – Lieferanten, Finanzamt, Krankenkassen – gegenüber der Bank vorgenommen werden. Hierzu zählen ebenso neu eingetragene Sicherungshypotheken auf dem Immobilienbesitz von Kreditnehmern sowie nicht eingelöste Raten für langfristige Kredite.

Krankenkassen, die einen Pfändungs- und Überweisungsbeschluss erwirkt haben, stellen übrigens recht schnell auch einen Antrag auf Konkurs des säumigen Zahlers. Vielleicht wird damit deutlich, warum Banken Negativmerkmale besonders sensibel beobachten.

Das überraschende Vorkommen dieser Warnsignale erschüttert das Vertrauensverhältnis der Bank zu ihrem Kreditnehmer zutiefst. In der Bank muss man sich dann auch die Frage stellen, warum nicht das Gespräch mit ihr gesucht wurde, um solche Probleme zu vermeiden.

Allgemein gilt für alle Negativmerkmale: Ihre Wirkung in einem Rating ist so bedeutend, dass ein Unternehmer alles versuchen muss, um sie zu vermeiden.

5.2 Vergangenheitsanalyse

Vergangenheit	sehr gut	gut	befr.	ausr.	schlecht	Beurteilung
Ertragsverhältnisse						
Rohertrag	1	2	3	4	5	
Kostenstruktur	1	2	3	4	5	
Ertragslage	1	2	3	5	7	
Bilanzverhältnisse						
Eigenkapital	1	2	3	5	7	
Liquidität	1	2	3	4	5	
Finanzstruktur	1	2	3	4	5	

Abbildung 6: Ratingschema – Vergangenheit

Die Vergangenheitsanalyse eines Unternehmens erfolgt mit Hilfe der bankeigenen EDV. Die nötigen Kennzahlen werden errechnet, und mit ihnen wird automatisch eine Ratingbewertung vorgenommen. An dieser Stelle möchte ich nicht auf die einzelnen Kennzahlen eingehen, zum einen, da sie zwischen den Banken unterschiedlich definiert sind. Andererseits sind sie nur im Zeit- und Branchenvergleich aussagefähig und können nur in jedem einzelnen Fall interpretiert werden.

Die im Ratingformular gewählten Begriffe zu den Ertrags- und Bilanzverhältnissen sind stattdessen als Stellvertreter für die von Banken ermittelten Kennzahlen zu verstehen. Im Folgenden sollen anhand einiger Überlegungen die Betrachtungsweise in der Kreditanalyse und die möglichen Schlussfolgerungen auf andere Ratingkriterien deutlich gemacht werden. Vorab sind jedoch einige Bemerkungen zur Technik der Analyse durch Banken erforderlich.

5.2.1 Exkurs: Wie Banken finanzielle Verhältnisse analysieren

Die EDV-unterstützte Aufbereitung des Zahlenmaterials in den Banken erfolgt zwar hinsichtlich Definition und Umfang der errechneten Kennzahlen unterschiedlich, jedoch sind allen Analysewerken gemeinsam:

- die Übersetzung der absoluten Zahlen in relative,
- der Vergleich üblicherweise mit den letzten beiden Vorjahren und
- der Vergleich mit Branchenzahlen.

Für die Übersetzung in **relative Zahlen** werden Bezugsgrößen herangezogen. Bei den Bilanzkennzahlen ist die wichtigste die Bilanzsumme (z. B. zur Ermittlung der Eigenkapitalquote), in der Gewinn- und Verlustrechnung die Betriebsleistung (Umsatzrendite, Aufwandsrelationen). Daneben kommt es aber auch zu vermischten Kennzahlen, wenn Bilanzpositionen auf Ertragszahlen bezogen werden (u. a. Lagerumschlag als Relation Lagerbestand zum Umsatz).

Aus diesen Relationen können bereits erste Erkenntnisse gewonnen werden. Beispielsweise kann eine Eigenkapitalquote von 20 % auch losgelöst von anderen Kennzahlen gewertet werden. Das ist zwar eine gute Quote, aber wie hat sie sich verändert? Ist sie gestiegen oder gefallen?

Banken interessieren sich deswegen mehr dafür, wie sich diese Relationen im **Vergleich mit den Vorjahren** verändert haben. Veränderungen sind Ausdruck unternehmerischer Entscheidungen und der Marktentwicklung. Aus ihnen werden Tendenzen für die Zukunft erkennbar, und mit ihrer Hilfe können Planzahlen auf Glaubwürdigkeit geprüft werden. Und sie lösen Fragen der Banken aus.

In den von Steuerberatern und Wirtschaftsprüfern erstellten Bilanzen sind die Relationen und ihre Veränderungen, wie sie für Banken von Interesse sind, nicht enthalten. Selbst wenn in einem Unternehmen eine sehr gute Controllingabteilung vorhanden ist, wird dort vermutlich mit anderen, für die eigenen Belange bedeutenderen Kennzahlen gearbeitet. Insofern ist die Bankanalyse vielfach eine unbekannte, zumindest aber ungewohnte Betrachtungsweise.

Aus diesem Grunde ist es empfehlenswert, vor einem anstehenden Bankgespräch um die Übersendung der Bilanzanalyse einschließlich einer Erläuterung der ermittelten Kennzahlen zu bitten. Zur Vorbereitung eines Gesprächs mit der Bank sollte auf bedeutende Veränderungen von Kennziffern gegenüber den Vorjahren geachtet und die Ursachen in Erinnerung gerufen werden.

Neben Kostengesichtspunkten (schnelle und einfache Erfassung der Zahlen, automatische Kennzahlenermittlung) bietet die EDV-unterstützte Bilanzanalyse den weiteren Vorteil, bankinterne **Branchenvergleiche** zu ermöglichen. Damit ist Banken neben dem Zeitvergleich möglich, Kundenbilanzen auch den Durchschnittszahlen der entsprechenden Branche gegenüberzustellen.

Die Vergleichbarkeit von Branchenkennzahlen ist unter anderem von folgenden Faktoren abhängig:

– Der *korrekten Zuordnung* zu einer Branche, oder richtiger zu einer bestimmten Branchenuntergruppe, kommt dabei die wichtigste Bedeutung zu. Betreibt ein Unternehmen neben der eigenen Produktion auch in größerem Umfang Handelsgeschäfte – beispielsweise zur Ergänzung der eigenen Produktpalette – und wird mit Unternehmen, die ausschließlich produzieren, verglichen, ist die Aussagefähigkeit von Ertragskennzahlen eingeschränkt.

– Erheblichen Einfluss haben auch die unterschiedlichen *Rechtsformen*. Dies wird am deutlichsten an der so genannten Betriebsaufspaltung, wenn also die Firmenimmobilien in einer separaten Gesellschaft bilanziert sind oder im Privatvermögen stehen.

Die Bilanzrelationen eines solchen Unternehmens, insbesondere die Eigenkapitalquote, aber auch die langfristigen Fremdmittel, weichen erheblich von denen der Gesellschaften ab, die diese Immobilien selbst bilanziert haben. Aber auch der Vergleich einer GmbH mit einer Einzelfirma ist nur eingeschränkt möglich, u. a. hinsichtlich Eigenkapital oder Geschäftsführergehälter anstelle von Privatentnahmen.

- Für aussagefähige Branchenzahlen werden *ausreichende Stückzahlen* benötigt. Mit Hilfe von nur wenigen Bilanzen sind vernünftige Vergleichswerte nicht zu erhalten, da einzelne, die erheblich vom Durchschnitt abweichen, die Auswertung verzerren würden. Mitunter berücksichtigen Banken daher zunächst die Branchenbetrachtung nicht.

  Liegen dann zu einem späteren Zeitpunkt aussagefähige Branchenzahlen vor, werden bereits analysierte Bilanzen um den Branchenvergleich ergänzt. Dies kann zur Konsequenz haben, dass bis dahin eine andere Bonitätseinschätzung für einen Kreditnehmer gültig ist, die zu einem späteren Zeitpunkt automatisch durch die EDV korrigiert wird.

- Von Bedeutung ist auch die *Größenordnung* der miteinander zu vergleichenden Unternehmen einer Branche. Sowohl Bilanz- wie auch Ertragsrelationen unterscheiden sich bei kleinen und sehr großen Unternehmen erheblich. Daher werden in den Banken Branchen und ihre Untergruppen nach der Größenordnung getrennt ausgewertet, wodurch die Frage nach ausreichenden Stückzahlen allerdings nochmals an Bedeutung gewinnt.

Vor einer Diskussion über den Vergleich eigener Zahlen mit denen der Branche ist die Aussagefähigkeit vor diesem Hintergrund kritisch zu prüfen. Dennoch wird es hier Kennzahlen geben, die ungeachtet dieser Unsicherheiten Fragen auslösen. Beispiele sind Personalaufwand oder Umsatz jeweils pro Beschäftigter.

Die obige Empfehlung für die Vorbereitung auf das Bankgespräch ist somit zu ergänzen. Zusammen mit der Auswertung der Bilanz sollte die Bank auch den Vergleich mit den Branchenzahlen zur Verfügung stellen. Auch hier sollten bedeutende Abweichungen der eigenen Zahlen gegenüber den Branchenzahlen Anlass sein, über die Gründe nachzudenken und so Antworten auf eventuelle Fragen vorzubereiten.

5.2.2 Ertragsverhältnisse

Umsatz ist definiert als Absatz multipliziert mit dem Preis. Einflussfaktoren auf den Absatz, also auf die verkauften Stückzahlen, sind u. a. die Entwicklung der Kundenanzahl, die Intensität der Kundenpflege und die Qualität der vorhandenen Vertriebsorganisation. Mit anderen Worten werden hier die Akquisitionsbemühungen und die Vertriebsstärke eines Unternehmens sichtbar.

Zum Preis gehören die gewährten Skonti, Boni und Rabatte. Und nicht nur bei diesen, sondern erst recht bei der notwendigen Weitergabe erhöhter Einkaufspreise oder gestiegener Kosten zeigen sich die Verhandlungsstärke, Marktposition und Durchsetzungsfähigkeit des Unternehmens oder der im Vertrieb tätigen Mitarbeiter.

Damit wird auch deutlich, welche Schlussfolgerungen Banken aus der Entwicklung des Umsatzes auf andere Ratingkriterien, wie die Beurteilung von Führungsqualität, Managementstruktur oder der Vertriebsstärke, ziehen können. Es ist für Unternehmer von Bedeutung, die Bank über seine Marktstrategien, -entscheidungen und ihren Erfolg zu informieren, und dies sollte bereits zusammen mit der Bilanzübergabe, möglichst in schriftlicher Form, geschehen.

Eine Bank wird die Umsatzentwicklung ihres Kunden auch im Zusammenhang mit seiner Branche sehen: Liegt sie über oder unter dem Branchendurchschnitt? Aber eine unter dem Durchschnitt liegende Entwicklung muss nicht unbedingt auch ein negatives Rating nach sich ziehen. Trennung von verlustbringenden oder zumindest sehr kostenintensiven Produkten oder Kunden führt in der Regel zu gewollten Umsatzrückgängen mit dem Ziel, die Ertragskraft des Unternehmens zu stärken. Und wenn dies das Ergebnis einer unternehmerischen Entscheidung ist, sollte es auch dokumentiert werden.

Der **Rohertrag** als Differenz zwischen der Betriebsleistung und dem Materialeinsatz (inkl. eventuell bezogener Leistungen von Dritten – Subunternehmer, Lohnfertigung, eingekaufte Handelsware zur Abrundung der eigenen Produktpalette) spiegelt nicht nur die Effizienz von Marketingstrategien, die den Umsatz beeinflussen, wider, sondern zeigt auch die Position des Unternehmens auf der Einkaufsseite.

Hier wird erkennbar, über welche Stärke im Einkauf ein Unternehmen verfügt, welche Bestandspolitik (just-in-time, Lagerauf- oder -abbau) verfolgt wird und ob auf bevorstehende Preissenkungen oder -erhöhungen reagiert wird. Die hierfür erforderlichen Entscheidungen im Unternehmen werden aber nur durch entsprechende Erläuterungen für Banken nachvollziehbar.

Die **Kostenstruktur** beurteilt eine Bank sowohl anhand der zeitlichen Entwicklung bei ihrem Kreditnehmer wie auch im Vergleich mit Branchenkennziffern. Von besonderem Interesse ist dabei die Entwicklung der **Personalkosten**. Bei den meisten Betrieben stellen sie den größten Kostenblock dar und haben somit eine erhebliche Auswirkung auf die Ertragslage.

Geradezu leichtfertig ist es daher, wenn ein Unternehmer nicht auf Anhieb in der Lage ist, die Zahl seiner Mitarbeiter zu nennen. Für einen Vergleich mit Branchenzahlen reicht allerdings nicht die Personalstärke zu einem bestimmten Stichtag, sondern wäre die durchschnittliche Zahl der arbeitswirksamen Mitarbeiter pro Jahr notwendig. Unter arbeitswirksamem Personal ist die Berücksichtigung der Teilzeitkräfte entsprechend ihrem Arbeitsanteil zu verstehen.

Man sollte meinen, dass diese Zahl problemlos in mittelständischen Unternehmen in Erfahrung zu bringen sei. Schließlich müsste sie doch in Kalkulationen einfließen. Tatsächlich sind nur wenige Unternehmer in der Lage, die aktuelle Zahl der Beschäftigten oder gar den Jahresdurchschnitt des arbeitswirksamen Personals sofort und exakt zu nennen, geschweige denn zum Stichtag einer mit der Bank zu besprechenden Bilanz.

Die Zahl der Beschäftigten führt aber im Gespräch mit der Bank häufig zu Fragen nach möglichen oder erforderlichen Rationalisierungsmaßnahmen. Kennt ein Unternehmer die Zahl seiner Mitarbeiter nicht, wie glaubhaft ist dann, er habe sich ausreichend Gedanken über Personalkosteneinsparungen gemacht? Die Auswirkungen auf die Beurteilung der Führungsqualifikation sind dann wohl selbstverständlich.

In der Analyse der **sonstigen Aufwendungen** interessiert neben dem Zeit- und Branchenvergleich besonders, welches die größten Positionen sind, wie und warum sich diese verändert haben. Die vom Steuerberater erstellte Bilanz beantwortet diese Fragen nur quantitativ, enthält aber nicht die Erläuterungen der Gründe für die Veränderungen. Die Ursachen für gravierende Veränderungen, z. B. erzielte Kosteneinsparungen, gestiegene Werbungskosten wegen Messeteilnahme oder Kosten, die mit Investitionen zusammenhängen, sollten erläutert werden.

Unter den sonstigen Aufwendungen sind auch Beträge enthalten, die eigentlich nicht den operativen Kosten zuzuordnen sind. Im Wesentlichen sind dies Wertberichtigungen auf Forderungen und Zuführungen zu Rückstellungen. Diese werden in einer Bankanalyse wie auch die unter sonstigen Erlösen aufgeführten Versicherungserstattungen dem außerordentlichen Bereich zugerechnet. Großen Versicherungserstattungen stehen aber oftmals Aufwendungen gegenüber, die unter den operativen Kosten verbucht sind.

Wird zum Beispiel durch einen Brand eine Produktionshalle verwüstet, zahlt die hoffentlich vorhandene Betriebsunterbrechungsversicherung eine Entschädigung bis zur Wiederaufnahme der Produktion. Mit dem eigenen Personal durchgeführte Aufräumarbeiten, weiterlaufende Kosten wie Mieten, Strom, Versicherungsbeiträge usw. sind in Personal- und sonstigen Aufwendungen enthalten.

Diese Kosten führen zu einer Verschlechterung des operativen Ergebnisses, da in der Bankanalyse die hierfür gezahlten Versicherungserstattungen dem außerordentlichen Bereich zugeordnet sind. Richtigerweise sollten daher auch solche Aufwendungen als außerordentlich betrachtet werden, wozu allerdings ihre Höhe bekannt und möglichst in der Bilanz ausgewiesen sein sollte.

Das **Zinsergebnis** wird, vielleicht aus gutem Grund (Konditionsgespräch), selten besonders diskutiert. Allerdings sei darauf hingewiesen, dass eine Bank hieraus grob die durchschnittliche Kreditinanspruchnahme ihres Kunden ermitteln und diese mit der in der Bilanz ausgewiesenen vergleichen kann. Hieraus lassen sich Saisoneinflüsse, aber auch Ansatzpunkte für eventuelle bilanzoptische Maßnahmen erkennen.

Im **außerordentlichen Bereich** betrachtet die Bankanalyse – von großen, einmaligen Beträgen wie der bereits erwähnten Versicherungserstattung abgesehen – vor allem zwei Positionen:

- Die Höhe der Abschreibungen wird mit den für langfristige Kredite vereinbarten Tilgungen verglichen. Reichen die Abschreibungen dafür aus? Oder müssen Teile des Gewinns für die Rückführung von Krediten herangezogen werden und stehen damit für die Finanzierung einer Geschäftsausweitung nicht zur Verfügung?
- Die neu gebildeten Wertberichtigungen auf Forderungen werden in ihrer Entwicklung und in ihrer Relation zum Forderungsbestand untersucht. Geht ein Unternehmen im Vertrieb besondere Risiken ein? Besteht eine Kreditversicherung, um diese Risiken zu begrenzen?

Am Ende der Gewinn- und Verlustrechnung sollte ein Gewinn stehen, was nicht nur für eine gute Beurteilung der Ertragslage im Rating zumindest erforderlich ist, sondern letztlich im eigenen Interesse des Unternehmens liegt. Aber wie erfolgt nun die Beurteilung?

Erzielt ein Unternehmen einen Gewinn vor Steuern von 5 % des Umsatzes, so sollte man meinen, dies reiche für eine gute, vielleicht sogar sehr gute Bewertung aus. In Relation zu einem Umsatz von 20 Mio. ergibt sich ein Betrag von 1,0 Mio., der diese Einschätzung sicherlich verdient. Die Einschätzung ist aber nur richtig, wenn das Ergebnis nicht gegenüber den Vorjahren einen drastischen Gewinneinbruch darstellt, weil in der Vergangenheit Jahr für Jahr 10 % vom Umsatz verdient wurden.

Bei einem Umsatz von 2,0 Mio. sind 5 % lediglich 100.000, und erst recht unter Berücksichtigung der noch anfallenden Steuern wird ein solches Ergebnis wohl eher mit befriedigend oder gar gerade noch ausreichend zu bewerten sein. Letzteres erst recht, wenn es sich um eine Einzelfirma handelt, bei der aus dem Gewinn noch der Unternehmerlohn entnommen werden muss. Und was bleibt dann übrig zur Kapitalbildung?

Die automatische Kennzahlenermittlung durch die EDV kann zwar solche Überlegungen ebenso wie den Vergleich mit den Vorjahren und mit der Branche berücksichtigen. Sie liefert aber nur die quantitative Beurteilung der Vergangenheit eines Unternehmens. Die aus ergänzenden Erläuterungen zur Bilanz und Gewinn- und Verlustrechnung erkennbare Marktstellung, umgesetzte Marktstrategien, ein funktionierendes Kostenmanagement oder Maßnahmen zur Effizienz des Lager- und Forderungsmanagements fließen über andere Kriterien in das Rating ein.

Mit Hilfe umfangreicher Fragenkataloge versuchen Kreditsachbearbeiter, die qualitativen Kriterien wie Führungsqualität, Rechnungswesen und Vertrieb zu beurteilen. Diese Arbeit wird im Interesse des Unternehmens erleichtert, wenn schriftliche Erläuterungen das Verständnis für das Zahlenmaterial vertiefen.

Damit hat eine umfassende und aussagefähige Erläuterung zur Bilanz und Gewinn- und Verlustrechnung ein besonderes Gewicht. Nur mit ergänzenden Darstellungen sind Banken in der Lage, die richtigen Schlüsse zu ziehen und eine, den besonderen Umständen ihres

Kunden gerecht werdende, faire Beurteilung vorzunehmen. Fehlt diese oder ist sie unzureichend, wird eine Bank anhand der absoluten Entwicklung und im Vergleich zur Branche aus ihrer Sicht eine Beurteilung auch der qualitativen Ratingkriterien vornehmen.

5.2.3 Bilanzverhältnisse

5.2.3.1 Eigenkapital

Generell kommen dem Eigenkapital im Geschäftsbetrieb eines Unternehmens zwei wesentliche Funktionen zu:

- das Risiko des wirtschaftlichen Erfolges zu übernehmen und
- zur Finanzierung der Vermögenswerte beizutragen.

Die wesentlichsten Ausgestaltungsformen des Eigenkapitals sind das dem Unternehmen zur Verfügung gestellte Kapital bei Personengesellschaften bzw. das Haft- oder Nominalkapital bei Kapitalgesellschaften, der Gewinnvortrag inkl. Jahresüberschuss und eventuell vorhandene Darlehn von Gesellschaftern. Regelmäßig wird eine Bank diesen Gesamtbetrag um folgende Positionen kürzen:

- einen vorhandenen Firmenwert, weil es sich nicht um einen realen Vermögenswert handelt (z. B. erworbener Kundenstamm),
- an Gesellschafter gewährte Darlehn, da diese als eine Form von Eigenkapitalentzug verstanden werden und
- bei Kapitalgesellschaften: noch ausstehende Einlagen.

Neben dieser bilanziellen Betrachtungsweise können auch andere Werte eine Rolle spielen. Wird durch einen Unternehmer für Firmenkredite eine private Sicherheit gestellt, z. B. eine Grundschuld, so sollte sie von der Bank in die Betrachtung des Kapitals mit einbezogen werden.

Eine privat gestellte Sicherheit hat einen eigenkapitalersetzenden Charakter und zwar nicht nur für die Bank, der diese Sicherheit dient, sondern auch gegenüber anderen Kreditgebern. Im Fall einer Insolvenz würde ein so besicherter Kredit außerhalb der Bilanz befriedigt und belastet nicht die Konkursmasse und damit nicht die Forderungen anderer Kreditgeber.

Da Vergangenheitsdaten auf elektronischem Wege und somit standardisiert analysiert werden, bleiben private Sicherheiten, die ja nicht bilanziert sind, üblicherweise unberücksichtigt. Es stellt sich allerdings die Frage, ob der zugehörige Kredit wegen der außerhalb der Bilanz gestellten Sicherheit in der Bankanalyse dem Eigenkapital zugerechnet werden kann. In Höhe des Sicherheitenwertes würde eine Verbesserung der Kapitalsituation erreicht werden.

Im Übrigen war dieses Ziel in aller Regel das Motiv der Bank, mit dem Kreditnehmer eine private Sicherheit zu vereinbaren. Darüber sollte nicht nur mit der Bank, die diese Sicherheit hält, sondern auch mit anderen Kreditgebern gesprochen werden (siehe auch 6.3 Privat gestellte Sicherheiten, S.104).

Die absolute Höhe des Eigenkapitals ist abhängig vom Geschäftzweck eines Unternehmens. Ein Produktionsunternehmen benötigt durch den erforderlichen Maschinenpark ein höheres Kapital als ein Handelsunternehmen. Allerdings spielt bei beiden auch die Immobilienausstattung eine Rolle, die ebenso Einfluss auf die Kapitalausstattung hat.

Auch wenn diese Faktoren in die Ratingbeurteilung über einen korrekten Branchenvergleich einfließen, wird eine Bank in erster Linie an der Relation zur Bilanzsumme messen, ob die Kapitalausstattung ausreichend ist. Die Bilanzsumme kann allerdings durch bestimmte Methoden gestaltet werden, von denen hier zwei genannt werden.

Einen Weg stellt Leasing dar, das als Alternative zur Finanzierung von Investitionen über Banken den Vorteil bietet, sowohl die Investition als auch die Leasingverbindlichkeit nicht bilanzieren zu müssen. Gleichwohl gehört es aufgrund der Verpflichtungen aus dem Leasingvertrag zur Verschuldung des Unternehmens. Um Auswirkungen auf das Rating abzuschätzen, sollte allerdings abgeklärt werden, in welcher Weise Leasingverbindlichkeiten in die Kennzahlenberechnungen einbezogen werden.

Unnötigerweise kommt es zu einer erhöhten Bilanzsumme und damit zu einer Verschlechterung der Eigenkapitalquote, wenn durch hohe Zahlungseingänge, z. B. aus einer Anzahlung, bei einer Bank Guthaben, bei den anderen aber kurzfristige Kredite unterhalten werden. Ein effizientes Finanzmanagement ist eine weitere Methode, Einfluss auf die Eigenkapitalquote zu nehmen. Vertieft werden diese Überlegungen in dem Kapital „Einflussmöglichkeiten auf die Eigenkapitalquote" (S. 120).

Die bisher aufgeführten Faktoren zur Betrachtung der Kapitalausstattung sind quantitativer Natur. Banken schenken aber auch zwei qualitativen Faktoren eine hohe Beachtung:

- dem Willen des Unternehmers, weiteres Kapital von außen zur Verfügung zu stellen
- und seinem Entnahmeverhalten.

Natürlich hängt der Wille auch von den vorhandenen Vermögensverhältnissen ab.

Banken beobachten und bewerten zwar die Bereitschaft, im Rahmen der gegebenen Möglichkeiten Eigenkapital einzubringen, schon bei anstehenden Investitionen oder bei Expansionsüberlegungen. Größere Bedeutung hat jedoch das Entnahme- bzw. Ausschüttungsverhalten, das letztlich ebenfalls Ausdruck des Willens zur Kapitalausstattung ist. Durch die Bilanzvorlage kann dieses Verhalten jährlich beobachtet werden.

Wonach soll eine Bank nun die Angemessenheit von Entnahmen beurteilen? Zunächst einmal müssen hieraus Steuern und die notwendigen Beiträge für die soziale Absicherung gezahlt werden. Beides wird in der Regel keinen Diskussionsbedarf auslösen. Hinsichtlich der übrigen Entnahmen für die private Lebensführung wird die Bank aber sehr wohl überlegen, ob sie in einem angemessenen Verhältnis zur Ertragskraft und/oder zu den Erfordernissen weiterer Kapitalbildung stehen.

Wie sich ihre Beurteilung im Einzelfall allerdings in absoluten Zahlen oder in Relation zur Ertragskraft ausdrückt, ist nicht festzulegen. Unternehmer sind hier gefordert, mit ihrem Entnahmeverhalten sowohl ihrer Verantwortung für das Unternehmen wie auch für ihre privaten Verhältnisse in gleicher Weise gerecht zu werden und dies durch ihr Handeln zu dokumentieren.

Ausschüttungen bei kleinen und mittleren Kapitalgesellschaften sind um eine weitere Überlegung zu ergänzen. In den Personalkosten sind normalerweise bereits Gehälter und Tantiemen der Gesellschafter enthalten, die sowohl Steuern, soziale Abgaben wie auch die Kosten der privaten Lebensführung abdecken. Welchem Zweck dienen dann weitere Ausschüttungen?

Ob diese Ausschüttungen angemessen sind, wird daran zu messen sein, ob dem Unternehmen noch in ausreichendem Maße zusätzliches Kapital aus dem Gewinn für Investitionsentscheidungen, für ein normales oder ein gewollt expansives Wachstum zur Verfügung steht.

Das Entnahme- bzw. Ausschüttungsverhalten findet seinen Niederschlag zum einen in der Managementbeurteilung, zu der auch die Einstellung des Unternehmers gehört, in welcher Weise er Verantwortung für das Unternehmen übernimmt. Zum anderen wird das Entnahmeverhalten der Vergangenheit in die Zukunftsbetrachtung einfließen, da die Notwendigkeiten für bestimmte Entnahmen oder Ausschüttungen auch künftig bestehen werden.

5.2.3.2 Liquidität

In der Regel ermitteln Banken eine Liquidität ersten Grades aus der Differenz des Umlaufvermögens ohne Warenlager und den gesamten kurzfristigen Verbindlichkeiten. Eine Liquidität zweiten Grades wird aus der Differenz des gesamten Umlaufvermögens und wiederum den gesamten kurzfristigen Verbindlichkeiten errechnet. Im Vergleich mit den Vorjahren lassen sich hieraus Verbesserungen oder Verschlechterungen der Liquidität in absoluten Zahlen errechnen.

Die Liquidität wird u. a. durch folgende Faktoren beeinflusst:

– Höhe der Lagerbestände

– Zahlungsverhalten der Abnehmer

– Erhaltene oder zu leistende Anzahlungen

– Eigenes Zahlungsverhalten gegenüber Lieferanten

– Ausschöpfungsgrad der vorhandenen Kreditlinien

Hierzu ermitteln Banken in der Bilanzanalyse Kennziffern, um so mögliche Gründe für die Veränderung der Liquidität zu erkennen.

Aber auch hier reicht allein die Analyse von Veränderungen absoluter Zahlen oder von Kennziffern nicht aus, um ein Bild von den tatsächlichen Ursachen zu gewinnen. Hierzu einige Beispiele, die zeigen, wie notwendig Erläuterungen sind:

Eine Lagererhöhung kann auf zunehmende Bestände an Ladenhütern zurückzuführen sein. Ebenso ist denkbar, dass der Anstieg auf Vorratseinkäufe wegen zu erwartender Preiserhöhungen zurückzuführen ist. Ein Lagerabbau kann ein Indiz für rückläufige Aufträge oder aufgrund strategischer Managemententscheidungen entstanden sein (z. B. Konzentration der prompten Lieferbereitschaft auf die wichtigsten Produkte oder Umstellung auf Just-in-time-Einkauf – jeweils um Kosten der Lagerhaltung zu sparen).

Eine Zunahme der Forderungen kann ein schlechtes Mahnwesen, aber auch ausgeführte, aber noch nicht bezahlte Großaufträge zur Ursache haben. Der Forderungsabbau entsteht sowohl durch Verlust von Großkunden wie auch durch eine Umstellung von Zahlungsvereinbarungen (z. B. Skontoeinführung oder -erhöhung bzw. Einführung von Lastschrifteinzug).

Die jeweils erste Ursache dieser Beispiele ist auf Probleme des Unternehmens zurückzuführen. Die jeweilige zweite Begründung geht auf erfolgreich umgesetzte Managemententscheidungen zurück. Die Bilanzanalyse durch die EDV der Bank wertet nur die nackten Zahlen aus.

Erst mit Erläuterungen, warum sie sich in dieser Form verändert haben, kann eine Bank Probleme eines Unternehmens erkennen – und sie wird danach fragen! – oder sich von einer erfolgreichen Geschäftspolitik überzeugen lassen – beides mit Auswirkung auf die Managementbeurteilung im Rating.

5.2.3.3 Finanzstruktur

Die Finanzstruktur wird nach dem Grad ihrer Ausgewogenheit beurteilt. Darunter ist zu verstehen:

- Sind langfristig dem Unternehmen zur Verfügung stehende Vermögensgegenstände, insbesondere das Anlagevermögen, auch langfristig finanziert (Fristenkongruenz)?
- Weist die Finanzierung des Umlaufvermögens einen Überschuss gegenüber den kurzfristigen Verbindlichkeiten auf (Liquiditätsüberschuss)?

Die langfristige Finanzierung umfasst sowohl das aufgenommene Fremdkapital wie auch das vorhandene Eigenkapital. Nur wenn Teile des Eigen- und/oder des langfristigen Fremdkapitals auch zur Finanzierung des Umlaufvermögens dienen, ergibt sich dort ein Liquiditätsüberschuss.

Die Notwendigkeit hierfür beruht auch auf folgender Überlegung. Teile des Warenlagers wie auch des Forderungsbestandes haben einen langfristigen Charakter, da ein bestimmter Bodensatz beider Positionen ständig vorhanden ist. In den Lagerbeständen dient der Bodensatz der Aufrechterhaltung einer schnellen Lieferbereitschaft, während er im Forderungsbestand aus den Zahlungskonditionen, die den Kunden eingeräumt wurden, resultiert.

Die beiden Leitsätze für eine Ausgewogenheit der Finanzstruktur werden unter dem Begriff Fristenkongruenz zusammengefasst und wurden früher auch als goldene Bilanzregel bezeichnet. Die Einhaltung dieser Leitsätze wird durch die Kennzahlenanalyse überprüft.

Daneben gibt es jedoch zwei weitere Betrachtungen in der Bilanzanalyse:

- den Vergleich der Abschreibungen mit den vereinbarten Tilgungen für Kredite
- und den Vergleich der Gesamtverschuldung mit dem Geschäftsumfang eines Kreditnehmers.

Die Höhe der vereinbarten Tilgungen ergibt sich aus der Finanzierungslaufzeit. Immobilien inkl. Grundstücke dürfen entsprechend ihrem überaus langfristigen Charakter auch durch Fremdmittel mit Laufzeiten von 12 bis 20 Jahren finanziert werden. Darüber hinausgehende Laufzeiten sind im gewerblichen Kreditgeschäft eher die Ausnahme.

Hingegen sollten Ausrüstungsinvestitionen im Rahmen der steuerlich anerkannten Abschreibungsdauer finanziert werden. Unter diesem Aspekt sind folgende Finanzierungslaufzeiten Anhaltspunkte, von denen im Einzelfall – dann allerdings aus guten Gründen (zumeist bei Finanzierungen über öffentliche Fördermittel) – auch abgewichen werden kann:

- Soft- und Hardwareausstattungen normalerweise zwei, in Ausnahmen bis längstens vier Jahre,
- Fahrzeuge, Büroausstattungen und kleinere Maschinen zwei bis fünf Jahre,
- Produktionsanlagen oder langlebige Maschinen mindestens vier bis höchstens 12 Jahre.

Wenn Investitionen im Rahmen der Abschreibungsdauer finanziert werden und vielleicht auch Eigenkapital eingesetzt wird, ist ein weiteres Kriterium bei der Beurteilung der Finanzstruktur eingehalten. Denn dann reichen die Abschreibungen aus, die für die Finanzierung vereinbarten **Tilgungen zu decken** und möglicherweise darüber hinaus noch Rücklagen für weitere Investitionen zu bilden.

In der Bankanalyse geht es ferner noch um die Frage der **Gesamtverschuldung** eines Unternehmens, die mit der Höhe des erzielten Umsatzes verglichen wird: Steht die Gesamtverschuldung eines Kreditnehmers in einem angemessenen Verhältnis zu seinem Geschäftsumfang?

Bei einem Unternehmen mit einem Umsatz von 2 Mio. ist schon eine gleich hohe Fremdverschuldung nur vorübergehend vertretbar, da die Tilgungsbeträge (bei 10-jähriger Laufzeit: 200 T p. a.) und die Zinsen von anfangs ca. 120 bis 160 T (= 6-8 %) voraussichtlich nicht auf Dauer verdient werden können. Eine Bank wird einer solchen Finanzierung daher nur zustimmen, wenn zu erwarten ist, dass in den kommenden Jahren die Expansion des Unternehmens dauerhaft eine hierfür ausreichende Ertragskraft sicherstellt.

Neben Haftungsfragen und der Dokumentation, wie stark ein Unternehmer sich für sein Unternehmen engagiert, kommt dem Einsatz von Eigenkapital bei der Gestaltung einer ausgewogenen Finanzstruktur noch ein anderer, eher qualitativer Aspekt zu. Sind Vermögensgegenstände aus Eigenkapital finanziert, können sie, z. B. im Falle einer Geschäftsausweitung, zur Absicherung neuer Finanzierungen zusätzlich eingesetzt werden und damit die Verschuldungsspielräume erhöhen.

Die Fähigkeit eines Unternehmens, weitere Verschuldungsspielräume zu nutzen, hängt jedoch nicht allein von möglichen weiteren Sicherheiten, sondern in erster Linie von seiner Bonität ab. Faktoren wie Kapitalausstattung, Ertragskraft oder künftige Geschäftsaussichten spielen hierbei eine Rolle. Und die Gesamtverschuldung, gemessen am Geschäftsumfang, muss hierzu Möglichkeiten offen lassen.

Liegen Defizite in der Finanzstruktur vor, die eine entsprechend mehr oder weniger negative Beurteilung im Rating auslösen, so sind notwendige Korrekturen nur mittel- bis langfristig möglich. Meist sind die Ursachen auf Fehler in der Vergangenheit zurückzuführen, z. B. Laufzeiten von Krediten länger als die Abschreibungsdauer, Investitionen früher kurzfristig finanziert oder über längere Zeit zu hohe Entnahmen.

Eine Möglichkeit zur Beseitigung ist die Einführung eines Finanzmanagements oder die Verbesserung eines bestehenden. Sollte im Unternehmen dafür keine geeignete Person zu finden sein, die diese Aufgabe übernehmen könnte, so müsste zumindest ein kompetenter Steuerberater hierzu Lösungen sowohl personeller als auch technischer Art, vorschlagen können. Hier ist aber auch die Bank in ihrer Beratungsfunktion gefordert, Empfehlungen für eine sukzessive Bereinigung einer unzureichenden Finanzstruktur zu geben.

5.3 Beurteilung der Zukunft

Zukunft	sehr gut	gut	befr.	ausr.	schlecht	Bewertung
Zeitnähe der Informationen	1		3		7	
Aktuelle Entwicklung						
Kostenstruktur	1	2	3	4	5	
Ertragslage	1	2	3	4	5	
Eigenkapitalentwicklung	1	2	3	4	5	
Liquidität	1	2	3	4	5	
Entwicklung lt. Planung	1	2	3	5	7	
Umfeld des Kreditnehmers						
Marktstärke	1	2	3	4	5	
Abhängigkeiten	1	2	3	4	5	
Risiken	1	2	3	4	5	
Branchenverhältnisse	1	2	3	4	5	

Abbildung 7: Ratingschema – Zukunft

Die Betrachtung der **zeitnahen Information** durch den Kreditnehmer bezieht sich zwar in erster Linie auf die Vorlage des Jahresabschlusses. Allerdings wird hier auch die rechtzeitige Einreichung von Zwischenzahlen beobachtet. Insofern ist dieser Punkt der Beurteilung der Zukunft zugeordnet.

Die Analyse der **aktuellen Entwicklung** erfolgt anhand betriebswirtschaftlicher Auswertungen sowie von Angaben zur zukünftigen Entwicklung bzw. Planzahlen. In den meisten Banken wird diese Analyse noch manuell durchgeführt und bietet daher in einer erläuternden Berichterstattung Chancen einer Einflussnahme.

Unter **Umfeld des Kreditnehmers** sind Faktoren zu verstehen, die künftige Entwicklungen beeinflussen können. Hierzu zählen die Stärke im Markt ebenso wie bestehende Abhängigkeiten und besondere Risiken, wie z. B. Umweltrisiken.

Und nicht zuletzt wird eine Bank immer auch ihr Know-how in der Einschätzung der **Branchenverhältnisse** nutzen, die Zukunftschancen ihres Kreditnehmers zu beurteilen.

5.3.1 Zeitnähe der Informationen

Um potenzielle Risiken zu erkennen, sind Banken auf frühzeitige Informationen angewiesen. Die zeitnahe Unterrichtung wird demzufolge nicht nur selbständig bewertet, sondern auch stärker als andere Kriterien gewichtet. Da es bei den Begriffen frühzeitig, rechtzeitig und verspätet kaum weitere Unterscheidungen gibt, ist dies im Ratingformular der einzige Punkt, der nur drei Bewertungsmöglichkeiten zulässt. Was dabei unter rechtzeitig zu verstehen ist, findet sich im Gesetz.

§18 des Kreditwesengesetzes enthält die Regelung, wonach Banken sich die wirtschaftlichen Verhältnisse ihrer Kreditnehmer offen legen lassen müssen. In einem ergänzenden Rundschreiben 9/98 des damaligen Bundesaufsichtsamtes für das Kreditwesen (heute: Bundesanstalt für Finanzdienstleistungsaufsicht) wird festgestellt, dass die Jahresabschlüsse innerhalb von neun Monaten nach Bilanzstichtag vorgelegt werden müssen. Zwar gilt dies nur für die mittleren und großen Kapitalgesellschaften. Die bankinternen Richtlinien sehen diese Verfahrensweise allerdings für alle Kreditnehmer vor.

Entsprechend verlangen Banken die Bilanzvorlage bis zum 30.9. des Folgejahres und betrachten dies als eine rechtzeitige, bis 30.6. als eine frühzeitige Vorlage. Nach dem 30.9. eingereichte Bilanzen werden als verspätet angesehen.

Bewertet wird unter diesem Kriterium nicht nur die fristgerechte Einreichung des Jahresabschlusses, sondern auch die Aktualität von Zwischenzahlen. Hierzu gibt es allerdings keine festgelegten Zeitpunkte. Dennoch kann man von einer verspäteten Vorlage reden, wenn Quartalszahlen nach dem darauffolgenden Quartalsende der Bank, somit drei Monate später, vorgelegt werden.

Bei den Zwischenzahlen besteht noch ein gewisser Entscheidungsspielraum der Kreditsachbearbeiter bzw. Firmenkundenbetreuer. Mahnt der Betreuer telefonisch die Vorlage von Zwischenzahlen an, wird dies sicher erst dann negativ beurteilt, wenn es ständig erforderlich ist. Auch ohne bösen Willen kann dies sicherlich einmal vergessen worden sein.

Anders sieht das bei der Bilanzvorlage aus. Wie bereits erläutert, wird die Bilanz mittels EDV analysiert. Neben den reinen Zahlen wird natürlich auch der Bilanzstichtag erfasst. Das hat zur Folge, dass die EDV selbst überwachen kann, ob eine Bilanz fristgerecht eingereicht wird. Damit besteht die Möglichkeit, den Risikograd eines Kreditnehmers durch die EDV automatisch zu verändern, wenn der Termin für die Vorlage im Folgejahr abgelaufen ist.

Ein Beispiel soll die Konsequenz verdeutlichen. Ein Kreditnehmer wird in allen Ratingkriterien mit befriedigend beurteilt, und die Vorlage der Bilanz erfolgte bislang rechtzeitig, d. h. vor dem 30.9. Im Ratingschema errechnete sich eine Gesamtpunktzahl von 63 und damit ein Risikograd von „B". Die Einreichung der Bilanz und vor allem deren Erfassung in der EDV verzögert sich im aktuellen Jahr auf November. Die übrigen Ratingbeurteilungen bleiben unverändert.

Aus dem Risikograd wird jetzt durch die schlechte Einstufung des Kriteriums „Zeitnähe" – Erhöhung um 4 Punkte – automatisch ein „CCC". Bei diesem Risikograd sieht die Bank bereits ein erhöhtes Risiko und eine eingeschränkte Kapitaldienstfähigkeit. Von hier ist es nur ein kleiner Schritt bis zu den ersten Überlegungen, ob für dieses Kreditengagement eine Wertberichtigung gebildet werden muss. Und dies alles nur, weil sich die Bilanzeinreichung um zwei Monate verzögert hat.

So schwer es auch manchem Unternehmer fallen mag: Ratingverfahren haben eine ganz besondere Konsequenz. Die bankinternen Formalien gilt es unbedingt einzuhalten, um Verschlechterungen im Rating zu vermeiden.

5.3.2 Aktuelle Entwicklung

Über die aktuelle Entwicklung wird eine Bank anhand von **Zwischenzahlen** unterrichtet, entweder durch die betriebswirtschaftlichen Auswertungen des Steuerberaters oder selbsterstellte unterjährige Ertragsrechnungen. Bei einwandfreien Verhältnissen wird sich die Bank mit einer einmaligen Vorlage solcher Zahlen beim jährlichen Bilanzgespräch begnügen. Inzwischen sind jedoch Quartalszahlen fast üblich geworden. Und in einer besonders schwierigen Firmensituation bestehen Banken auch auf einer monatlichen Unterrichtung.

Den **Zukunftsaussichten** kommt allerdings in der Bankanalyse ein erheblich größerer Stellenwert zu. Sie zu beurteilen heißt schließlich nichts anderes, als die Frage zu beantworten, ob der Kreditnehmer auch künftig weiter seinen Verpflichtungen gegenüber der Bank, nämlich Zins- und Tilgungsleistungen zu erbringen, nachkommen kann.

Gerade bei den zur Beurteilung der aktuellen Entwicklung erforderlichen Unterlagen mag der Eindruck entstehen, die Erfordernisse der Banken zu erfüllen, führe zu mehr Bürokratie. Banken verlangen hier aber nichts anderes als das, was Unternehmen zwingend benötigen, wenn sie eine erfolgreiche, zukunftsgerichtete Unternehmenssteuerung betreiben.

Hauptgrund für ein effizientes Controlling, plausible Planungen und einen konsequenten Soll-Ist-Vergleich ist der Unternehmenserfolg. Ein dabei anfallendes Nebenprodukt ist die – allerdings zwingend notwendige – Unterrichtung der Bank. Und auch hier ist eine kompetente Darstellung der aktuellen Entwicklung erforderlich, die sich auf die Einschätzung der Managementqualifikation auswirkt.

5.3.2.1 Zwischenzahlen

Die Aussagefähigkeit unterjähriger Ertragszahlen ist in einigen Punkten eingeschränkt. Für eine korrekte Beurteilung durch die Bank sollten zu folgenden Punkten Angaben gemacht werden:

- Bestandsveränderungen: In der Regel sind diese in den betriebswirtschaftlichen Auswertungen nicht enthalten. Da für die Beurteilung eines Zwischenergebnisses die Höhe von Bestandserhöhungen oder -verminderungen jedoch unerlässlich ist, erwarten Banken hierzu eine möglichst zutreffende Aussage.
- Abgrenzungen: Sind einmalige Zahlungen wie Urlaubsgeld, Weihnachtsgeld, Versicherungsbeiträge o. ä. abgegrenzt, d. h. auf alle Monate verteilt?
- Abschreibungen: Sind Abschreibungen eingebucht und wenn ja: pauschal, beispielsweise anhand des monatlichen Vorjahresdurchschnitts, oder gemeinsam mit dem Steuerberater so genau wie möglich ermittelt?
- Fehlen noch gravierende Buchungen?

Dennoch bleiben Unsicherheiten bestehen. Diese betreffen, trotz einer hierzu gemachten Aussage, insbesondere die Bestandsveränderungen, da üblicherweise während des Jahres keine Inventur vorgenommen wird. Erst mit dem Jahresabschluss erhält auch der Unternehmer hierzu eine korrekte Berechnung, es sei denn, das Unternehmen verfügt über eine genaue Lagererfassung per EDV. Bedenkt man jedoch, wann die Bilanz fertiggestellt wird, sind verlässliche Angaben zu den Bestandsveränderungen bei Zwischenzahlen von erheblicher Wichtigkeit.

Andere Aufwandspositionen können unterjährig kaum oder nur schwierig beziffert werden und werden normalerweise erst bei Erstellung der Bilanz endgültig festgelegt. Hierzu zählen vor allem Rückstellungen und Wertberichtigungen. Dennoch erwartet eine Bank auch hierzu Informationen und zwar bereits dann, wenn gravierende Erfordernisse hierfür erkennbar werden. Die Rückwirkung auf das Informationsverhalten gegenüber Banken wurde bereits erläutert.

Ebenso wie die Bilanz sollten auch Zwischenzahlen kommentiert der Bank vorgelegt werden. Die hier angesprochenen Punkte sollten zusammen mit einer Darstellung der geschäftlichen Entwicklung schriftlich aufbereitet werden. In der Erläuterung der Ursachen für die geschäftliche Entwicklung liegt auch die Möglichkeit aufzuzeigen, wie der Unternehmer hierauf gestaltend Einfluss genommen hat.

5.3.2.2 Zukunftsaussichten

Während größere Betriebe meist über geeignete Planungsinstrumente verfügen, stellt dies für die kleineren und mittleren ein erhebliches Problem dar, wenn entweder hierfür qualifizierte Mitarbeiter fehlen, das Wissen, wie Planungen erstellt werden, nicht vorhanden ist und/oder die internen Möglichkeiten in der Buchhaltung dies nicht zulassen.

In diesen Fällen sollten allgemein gehaltene Aussagen zum erwarteten Jahresergebnis wie „Umsatz und Ertrag werden auf Vorjahresniveau liegen" oder „Trotz gehaltenem Umsatz wird das Ergebnis besser sein" zumindest umfassend begründet werden. Ansonsten wird es kaum gelingen, die eigene wirtschaftliche Kompetenz zu dokumentieren. Vielmehr entsteht nur der Eindruck, der Unternehmer wolle sich für die Bilanzvorlage alle Türen offen halten.

In der Darstellung der Zukunftsaussichten besteht die Chance, sich gegenüber der Bank zu profilieren. Sie zeigt, dass

- der Unternehmer in der Lage ist, seinen Betrieb zu steuern,
- er rechtzeitig Marktveränderungen erkennt und hierauf erfolgreich reagiert und
- er über ein funktionsfähiges Rechnungswesen für eine verlässliche Buchführung, aber vor allem für ein effizientes Controlling verfügt.

Die Rückwirkungen auf andere Kriterien des Ratingprozesses sind unschwer zu erkennen. Erst recht, wenn eine verlässliche, schriftliche Planung fehlt, besitzt das Thema „weitere Geschäftsaussichten und wie erläutere/präsentiere ich sie meiner Bank" in der Vorbereitung eines Bankgespräches ein ganz besonderes Gewicht.

Werden aber Planzahlen erstellt, wird es sich in der Regel um eine Ertragsplanung für das laufende Jahr handeln. Größere Betriebe sind in der Lage, Mehrjahresplanungen zu erstellen, die bei Expansionsvorhaben oder anstehenden großen Investitionen für den eigenen Entscheidungsprozess notwendig sind. In diesen Fällen dienen sie auch der Bank für die Kreditentscheidung zur Finanzierung dieser Vorhaben.

Daneben werden Finanzierungs- und – nicht nur in kritischen Firmensituationen, sondern auch ergänzend bei Investitionen – Liquiditätspläne erstellt, die gegebenenfalls von der Bank zur Auflage für die weitere Kreditbegleitung oder die Ausweitung von Krediten gemacht werden.

Nach Vorlage von Planzahlen nimmt die Bank eine Plausibilitätsprüfung vor. Fragen hierzu können sein:

- Was sind die Basisdaten, und sind sie realistisch? (Wie wurde der Umsatz geplant? Sind Veränderungen des Produktionsprogramms, der Beschäftigtenzahlen, vorgesehene Kosteneinsparungen usw. einbezogen?)
- Weichen Ertragsrelationen (Rohertrag, Personalkosten zu Umsatz, Betriebsleistung pro Beschäftigte u. a.) von den Vergangenheitskennziffern ab und warum?
- Ist die Einschätzung, bestimmte Vorhaben mit diesem geplanten Erfolg umsetzen zu können, richtig (z. B. Einfluss von Personalfreisetzungen auf die Vertriebs- oder Produktionsleistung, Durchsetzbarkeit von Preiserhöhungen, Einfluss der Reduzierung des Produktionsprogramms auf Kundenzahlen)?
- Lässt das wirtschaftliche Umfeld diese Planung zu?

Der letzte Punkt ist als Hinweis darauf zu verstehen, dass Banken bei der Beurteilung von Planzahlen ihre Einschätzung von Entwicklungen der Gesamtwirtschaft und Branche ihres Kunden ebenfalls berücksichtigen.

Ohne Erläuterungen der Ausgangswerte ist eine Planung für eine Bank nicht verständlich. Daher sollten vor allem Planzahlen nie unkommentiert weitergegeben werden.

Der Analyse der Zwischenzahlen, der Plausibilisierung von Planzahlen und damit der künftigen Geschäftsaussichten folgt die bankinterne Bewertung der aktuellen Entwicklung des Unternehmens. Aber was wird dabei nun bewertet?

- Die Entwicklung seit letzter Bilanz auf Basis der vorgelegten Zwischenzahlen: Kriterien sind der Vergleich mit der letzten Bilanz, mit der Branche, erkennbare Negativfaktoren und/oder besonders positive Aspekte wie greifende Kosteneinsparungsmaßnahmen.
- Die vom Unternehmer erwartete weitere Entwicklung bis zum Geschäftsjahresende und – wünschenswert – auch darüber hinaus: Kriterien sind hier, ob die Einschätzung des Unternehmers plausibel ist und ob die Bank diese Einschätzung teilt.

Bis zum Stichtag der vorgelegten Zwischenzahlen beruht die Beurteilung auf einem relativ objektiven Fundament. Danach handelt es sich jedoch zwangsläufig um Einschätzungen und somit um eine eher subjektive Betrachtung, auch wenn Banken versuchen, diese Einschätzung durch Plausibilisierung von Planzahlen und Branchenvergleiche zu objektivieren.

Dies hat zur Folge, dass hier Einflussmöglichkeiten auf das Rating gegeben sind. Sie zu nutzen, wird deswegen so wichtig, da die Beurteilung der aktuellen und künftigen Entwicklung bei den Banken stärker als andere Kriterien gewichtet wird. Es ist zu erwarten, dass mit der Weiterentwicklung von Ratingverfahren diese Gewichtung noch stärker ausfallen wird.

5.3.3 Exkurs: Planzahlen

Nachfolgende Erläuterungen sind für kleinere und mittlere Unternehmen als eine Hilfestellung für einen ersten Einstieg in Planüberlegungen gedacht, die als Führungsinstrument unerlässlich sind.

Zur Erstellung aussagefähiger Planzahlen wird heute eine Vielzahl von Software-Produkten angeboten, die auf der unternehmenseigenen Buchhaltung aufbauen. Sicherlich auch für die Präsentation bei Banken, aber in erster Linie für die Ein- und Durchführung eines effizienten Controllings halte ich eine solche Software-Investition in kleineren und mittleren Unternehmen – in großen sollte dies selbstverständlich sein – trotz der damit verbundenen Kosten für zwingend erforderlich. Was im Einzelfall das richtige Planungsprodukt ist, muss der heute in aller Regel bereits vorhandene Soft- und Hardware-Betreuer eines Unternehmens abgestimmt auf die vorhandene EDV-Ausstattung festlegen.

Auch wenn es besser wäre, auf professionelle Planungsmethoden zurückzugreifen, mögen Kosten und die Dauer, bis eine Planung installiert ist, Gründe sein, sich zunächst mit einer groben und einfachen zufrieden zu geben. Daher möchte ich einige Hinweise geben, wie eine Ertrags- und Liquiditätsplanung mit bescheidenem Aufwand relativ schnell erstellt werden kann.

Hierzu sind im Anhang eine Ertrags- und eine darauf basierende Liquiditätsplanung als Beispiele abgedruckt. Um zu erläutern, wie die Ertragsplanung erstellt wurde, beinhaltet der Anhang auch eine Kommentierung, die als Muster für die Weitergabe an Banken gedacht ist. Ferner finden sich dort auch leere Tabellen als Kopiervorlagen.

5.3.3.1 Ertragsplanung

Eine Ertragsplanung sollte auf monatlicher Basis erstellt werden. Der optimale Zeitpunkt zur Erstellung ist, im 4. Quartal das folgende Geschäftsjahr zu planen. Damit ist die Nähe der aktuellen wirtschaftlichen Entwicklung zur Planung gegeben. Die fehlenden Ertragszahlen bis zum Jahresende können geschätzt werden.

Der zumeist schwierigste Punkt scheint die Einschätzung der Umsatzhöhe und der Verteilung auf die Monate zu sein. Mögliche Ansatzpunkte für die **Höhe der Umsätze** können mittels dieser Überlegungen gefunden werden:

- Es wird ein prozentualer Zuwachs, der in schlechteren Zeiten auch negativ sein kann, auf den erwarteten Gesamtumsatz des laufenden Jahres geplant. Diese sehr grobe Einschätzung sollte dennoch anhand z. B. der aktuellen Wirtschaftsentwicklung, der Branchenentwicklung, eventueller absehbarer gesetzlicher Änderungen (Steuererhöhungen, Umweltauflagen o. ä.) begründbar sein. Denkbar ist aber auch, den prozentualen Zuwachs als Zielplanung – „das wollen wir erreichen" – vorzugeben.

- Mit den fünf bis zehn wichtigsten, d. h. in der Regel größten Kunden wird abgestimmt, was sie im nächsten Jahr voraussichtlich abnehmen wollen. Der restliche Umsatz wird mit der durchschnittlichen Veränderung bei diesen wichtigsten Kunden oder über einen davon abweichenden prozentualen Zielzuwachs geplant.
- Für jedes einzelne Produkt des Unternehmens wird nach einer dieser beiden Methoden vorgegangen.

Je detaillierter die künftigen Umsätze ermittelt werden, desto feiner wird die Planung und desto größer werden auch die Genauigkeit und Erkenntnisse in einem Soll-Ist-Vergleich.

Wenn nicht von den wichtigsten Kunden Aussagen vorliegen, wann welche Abnahmen stattfinden, kann die **Verteilung der Umsätze** anhand von Vergangenheitsdaten ermittelt werden. Dabei wird ermittelt, welchen Anteil jeder Monat am Jahresumsatz durchschnittlich in den letzten drei bis fünf Jahren gehabt hat. Auf diese Weise werden die saisonspezifischen Eigenheiten des Unternehmens berücksichtigt.

Einfließen in eine solche Umsatzverteilung sollten aber gravierende Veränderungen von Sommer- und/oder Betriebsferien (Beginn Anfang Juli statt früher Anfang August) und insbesondere der beweglichen Feiertage in den Monaten April bis Juni, die durch eine Häufung beispielsweise im Mai die Umsatzanteile nicht nur dieses Monats beeinflussen.

Genauer wird diese Verteilung, wenn auch hier anhand einzelner Produkte die Umsatzverteilung vorgenommen wird, da diese möglicherweise unterschiedlichen Saisonrhythmen unterliegen.

Die Planung des **Materialeinsatzes** kann nun in Abhängigkeit vom Umsatz ebenso verteilt werden. Hierzu wird jeder Monatsumsatz mit dem durchschnittlichen prozentualen Materialanteil umgerechnet. Dies berücksichtigt allerdings zunächst den zeitlichen Vorlauf nicht, sondern unterstellt, dass das Material für den Umsatz des laufenden Monats in diesem eingekauft wird. Ist der zeitliche Vorlauf bekannt, z. B. ein Monat, dann wird der Materialeinsatz eines Monats über den geplanten Umsatz des Folgemonats ermittelt.

Diese Überlegung führt zu einer höheren Genauigkeit, setzt aber voraus, dass zumindest für den Gesamtumsatz der zeitliche Vorlauf bekannt ist. Noch besser wäre auch hier, die gleiche Verfahrensweise für einzelne Produkte anzuwenden.

Sowohl für den Umsatz wie auch für den Materialeinsatz gilt, dass Skonto und Boni zu berücksichtigen sind. Bestandsveränderungen können separat geplant werden, oder es wird unterstellt, dass sie im Materialeinsatz enthalten seien.

Personal-, **sonstige Kosten** und **Abschreibungen** können in einer solchen groben Ertragsplanung durch zwölf geteilt werden. Hier kann der Jahresbetrag mit zu erwartenden Veränderungen gegenüber dem laufenden Jahr angepasst werden. Dies sind geplante Personalveränderungen, Lohn-/Gehaltserhöhungen, sporadisch anfallende Kosten wie Messen, vorgesehene Kosteneinsparungen, aufgrund des degressiven Verlaufs verminderte oder wegen Investitionen erhöhte Abschreibungen.

Auch hier kann die Genauigkeit erhöht werden, wenn die zeitliche Wirkung bestimmter Einflüsse eingearbeitet wird. Wenn also bekannt ist, dass zum Ende des ersten Quartals bestimmte Personalmaßnahmen wirken, sollten diese erst im zweiten Quartal in der Planung erscheinen und nicht durch die Zwölftelung bereits im ersten Quartal wirken.

Zinsen sollten im Monat der Belastung eingeplant werden. Während die Zinsen für langfristige Kredite den Zins- und Tilgungspläne der Banken entnommen werden können, fällt die Ermittlung der Kontokorrentzinsen schon schwieriger. Hierzu bieten sich zwei Möglichkeiten an:

Entweder wird unterstellt, dass die Zinsen ebenso hoch sind wie bisher, da keine besonderen Entwicklungen in der Planung erwartet werden. Dann wird dis bisherige Höhe in der Planung angesetzt. Oder es gibt genauere Zahlen, wie hoch die Kontokorrentinanspruchnahme der einzelnen Monate sein wird, da eine Liquiditätsplanung gleichzeitig erstellt wird. So wurde bei den Musterplanungen im Anhang verfahren.

Neutrale Aufwendungen und Erträge können über durchschnittliche Vergangenheitsdaten oder pauschal geplant werden.

Die Planungsgrundlagen und -überlegungen sollten schriftlich festgehalten und für spätere Soll-Ist-Vergleiche herangezogen werden. Ferner sollten sie – gegebenenfalls in gekürzter Form – der Bank als Erläuterung zur Planung eingereicht werden.

5.3.3.2 Liquiditätsplanung

Ausgehend von der Ertragsplanung kann dann eine Liquiditätsplanung erstellt werden. Hier wäre zwar eine wöchentliche wünschenswert, aber eine monatliche ist immer noch besser als eine fehlende. Eine monatliche Planung hat allerdings die besondere Problematik, dass die Schwankung der Liquidität während eines Monats nicht abgebildet werden kann.

Die Liquiditätsplanung beginnt mit der Ermittlung der Höhe und zeitlichen Verteilung der Forderungseingänge aus den **Umsätzen**. Hierzu dient folgende Überlegung:

Unterstellt wird, dass alle Kunden eines Unternehmens mit einem Zahlungsziel von exakt 20 Tagen zahlen. D. h. die Umsätze der ersten zehn Tage eines Monats führen noch im gleichen Monat zu einem gleich hohen Zahlungseingang. Ab dem elften Tag gehen die entstandenen Forderungen aber erst im Folgemonat ein. Hieraus lässt sich für dieses Beispiel folgende Formel ableiten:

Forderungseingang eines Monats = 1/3 des Umsatzes desselben Monats

+ 2/3 des Umsatzes aus dem Vormonat

Abbildung 8: Ermittlung Forderungseingang I

Üblicherweise werden die Kunden jedoch unterschiedlich zahlen. Mit Hilfe der Debitorenaufstellung kann ermittelt werden, wie viele Forderungen bis 30 Tage, bis 60 Tage oder später eingehen. Beispielweise wird aus der eigenen Buchhaltung folgende Aussage ermittelt:

Vom Monatsumsatz gehen 25 % im gleichen Monat ein, 50 % im Folgemonat, 20 % im übernächsten und 5 % im dann folgenden. Der Forderungseingang des Monats April wird dann wie folgt zurückgerechnet:

> Forderungseingang April = 25 % des Umsatzes April + 50 % des Umsatzes März
> + 20 % des Umsatzes Februar + 5 % des Umsatzes Januar

Abbildung 9: Forderungseingang II

Zu berücksichtigen ist dabei allerdings, dass in den ersten Monaten noch Forderungen aus dem Vorjahr eingehen. Auf diese Weise kann dann für jeden Monat aus den Umsätzen der Ertragsplanung der Forderungseingang ermittelt werden.

Ebenso wird mit dem **Materialeinsatz** laut Ertragsplanung verfahren. Hier dürften die zeitlichen Abläufe jedoch leichter festzustellen sein. Denn der Unternehmer sollte schon wissen, wann er seine Lieferanten bezahlt. Wird beispielsweise generell mit Skonto nach 30 Tagen gezahlt, so führt der gesamte Materialeinkauf eines Monats erst im Folgemonat zur Zahlung und damit zum Liquiditätsabfluss.

Für die Liquiditätsbetrachtung ist es wichtig, dass Umsätze und Materialeinsatz jeweils um Skonti und Boni reduziert werden.

Im Unterschied zur Ertragsplanung sollten die **Personalkosten** nicht gezwölftelt werden. Vielmehr sind Urlaubs-, Weihnachtsgeld und gegebenenfalls Sonderzahlungen (Tantiemen o. ä.) entsprechend den Zahlungsterminen den jeweiligen Monaten zuzuordnen. Die übrigen Personalkosten können jedoch gleichmäßig aufgeteilt werden.

An den Personalkosten lässt sich auch erkennen, welche Vorzüge eigentlich eine wöchentliche Liquiditätsplanung hat. Die Sozialkosten und abzuführenden Steuern werden zumeist einmal im Monat, aber zu unterschiedlichen Terminen, per Lastschrift eingezogen. Löhne und Gehälter werden ebenfalls an festgelegten Tagen gezahlt. Bei entsprechend großen Belegschaften führen diese Beträge in den Wochen der jeweiligen Zahlung zu extremen Liquiditätsabflüssen und sorgen für die schon erwähnte Schwankungsbreite in der monatlichen Liquidität.

Die **sonstigen Kosten** können wie schon in der Ertragsplanung auf die Monate gleichmäßig verteilt werden. Allerdings sollten gegebenenfalls bestimmte Sonderfaktoren zum entsprechenden Zeitpunkt berücksichtigt werden, z. B. hohe einmalige Messekosten oder die einmal jährlich fälligen Versicherungsbeiträge.

Zinsen für die langfristigen Kredite und im Unterschied zur Ertragsplanung die **Tilgungen** sind entsprechend den feststehenden Zahlungsterminen den jeweiligen Monaten zuzuordnen.

Abschreibungen sind in der Liquiditätsplanung nicht zu berücksichtigen, da sie nicht zu Zahlungen führen. Die übrigen **neutralen Aufwendungen und Erträge** sind nur dann einzubeziehen, wenn sie zum einen im Voraus bekannt sind und zum anderen hieraus tatsächlich eine Zahlung resultiert. Dies gilt zum Beispiel beides nicht für Wertberichtigungen und Rückstellungen.

In die Liquiditätsplanung sind die vorgesehenen **privaten Entnahmen und Einlagen**, insbesondere aus Steuererstattungen, einzubeziehen.

Darüber hinaus sind Liquiditätseinflüsse aus **bilanziellen Maßnahmen** zu berücksichtigen, z. B.:

- Kauf oder Verkauf von Gegenständen des Anlagevermögens.
- Für Investitionen aufgenommene Darlehn, wenn es sich um eine Finanzierung bereits bezahlter Investitionen handelt oder sie nicht sofort zur Bezahlung abfließen oder
- Darlehnsgewährungen an Gesellschafter oder Mitarbeiter bzw. Rückzahlung solcher Darlehn.

Aus einer solchen Aufstellung der Liquiditätszu- und -abflüsse resultiert dann die rechnerische monatliche Liquiditätsveränderung, die zusammen mit den Kontokorrentinanspruchnahmen des Vormonats den zu erwartenden Stand der kurzfristigen Kredite am Monatsende ergibt.

Hieraus werden die kurzfristigen Zinsen errechnet. Diese Zinsen werden am Ende eines Quartals belastet. Entsprechend wird aus den drei rechnerischen Kontokorrentsalden eines Quartals der Durchschnitt gebildet und mit dem Sollzinssatz die voraussichtliche Belastung ermittelt. Dieser Betrag wird dem rechnerischen Saldo zum Quartalsende zugerechnet und ist Ausgangspunkt für das nächste Quartal. Ferner wird dieser Betrag in die Ertragsplanung übernommen.

Für alle Planungen gilt, dass sie dem Unternehmen als Steuerungsinstrumente dienen, vorausgesetzt, mit ihnen wird über die gesamte Planungsperiode gearbeitet. Und sie werden nicht erstellt, um bei den Banken guten Eindruck zu machen. Sie sind für das Controlling unumgängliche Hilfsmittel, um auf kurzfristiger Basis – wöchentlich oder monatlich – einen Soll-Ist-Vergleich vornehmen zu können. Bei gravierenden Veränderungen sollten Planungen daher auch angepasst werden, damit sie ihre Steuerungsfunktion weiterhin erfüllen können.

Die hier dargestellten, sehr einfachen und dementsprechend nur groben Planungsüberlegungen ersetzen auf Dauer die professionellen Software-Angebote nicht, die im Übrigen die vielen Rechenschritte vereinfachen und nicht so leicht zu Fehlern führen. Sie sollen lediglich eine Anregung sein und sind nur ein vielleicht gerade noch passabler Ersatz für eine professionelle Planung, bis in einem Unternehmen vernünftige Instrumente installiert sind.

5.3.4 Umfeld des Kreditnehmers

Bislang sind in der Beurteilung die Ertrags-, Vermögensverhältnisse und die internen Strukturen eines Unternehmen beleuchtet worden. Aber auch im Umfeld eines Kreditnehmers können Faktoren liegen, die Banken im Ratingverfahren berücksichtigen, weil hieraus Risiken auf das Unternehmen zukommen können.

Von Bedeutung ist die **Marktstärke** eines Unternehmens, auch wenn der Erfolg im Vertrieb bereits in Ertragszahlen und in der Managementqualifikation Niederschlag gefunden hat. Eine starke Position im Markt kann bei schlechteren wirtschaftlichen Bedingungen unter Umständen zu einer gegenüber der Branche besseren Entwicklung beitragen.

Da bei kleinen und mittleren Unternehmen sehr häufig **Abhängigkeiten** auf der Abnehmer- oder Lieferantenseite zu finden sind, wird die Anfälligkeit für den Wegfall von Kunden oder Bezugsmöglichkeiten separat beurteilt.

In den letzten Punkt, die Betrachtung sonstiger **Risiken**, fließen alle anderen denkbaren Gefahren für den Fortbestand eines Unternehmens ein. Neben besonderen, individuellen Risiken sind dies vor allem solche im Zusammenhang mit dem Umweltschutz, z. B. die so genannten Altlasten auf dem Grundstück eines Betriebes. Andere Beispiele, die hierunter beurteilt werden können, waren 1999 die EDV-Umstellungen aufgrund der Jahrtausendproblematik oder die Umstellung des Rechnungswesens auf den Euro.

5.3.4.1 Stärke im Markt

Wie stark ein Unternehmen in einem Markt vertreten ist, hängt zum einen davon ab, was es auf dem Markt anzubieten hat, dem **Produktnutzen**. Zum anderen ist von Bedeutung, wie es am Markt auftritt und seine Produkte präsentiert oder welche **Vertriebsstrukturen** zum Erfolg beitragen.

Auf beide wirken die unterschiedlichsten Faktoren eines Betriebes ein. Der Produktnutzen wird u. a. beeinflusst von:

– Produktionsanlagen und -abläufen, die über deren Kosten auf den Preis wirken,

– der Güte eventuell erforderlicher Qualitätskontrollen,

– der Innovationsfähigkeit eines Unternehmens, d. h. der Qualität von Forschung und Entwicklung sowie der Konstruktion und

– einem vorhandenen Markennamen.

Auch kleine und mittlere Unternehmen können in ihren speziellen Märkten einen Markennamen besitzen oder sogar Marktführer sein. Da der Begriff Markenname in der Regel nur für überregional und breiten Bevölkerungsschichten bekannte Produkte benutzt wird, kann es sein, dass Banken die Bedeutung für den Produktnutzen ihres Kunden nicht richtig einschätzen.

Zu den Vertriebsstrukturen gehören:

- die Art des Vertriebsnetzes (durch Handelsvertreter oder eigene Angestellte),
- die Qualifikation der Vertriebsmitarbeiter,
- die Steuerung des Vertriebes (durch den Unternehmer oder eine Abteilung),
- ein effizientes Vertriebscontrolling

und einiges mehr. Manches können Banken durch einfaches Abfragen in Erfahrung bringen, z. B. die Art des Vertriebsnetzes. Aber wie beurteilen Bankmitarbeiter – erst recht jene, die in den Kreditabteilungen letztlich die Entscheidungen treffen, den Kunden jedoch nicht zu Gesicht bekommen – die Stärke ihres Kunden im Markt?

Eine tief gehende und korrekte Beurteilung ist für eine Bank schwierig. Sie versucht daher Hilfestellungen zu finden in:

- Gesprächen im Unternehmen und der mit dem Kunden gemeinsamen Bearbeitung der Fragenkataloge zur Ratingsystematik.
- Betriebsbesichtigungen, bei denen Eindrücke über Produktionsabläufe, die Qualität des Maschinenparks und der Produkte gewonnen werden können.
- Produktpräsentationen für Abnehmer des Unternehmens, z. B. in Prospekten oder bei Messebesuchen.
- Vorstellungen neuer Produktionsverfahren.
- Preispolitik (z. B. Rabattgewährungen, die eventuell auf Preis-Leistungs-Probleme hinweisen, oder Durchsetzungsfähigkeit höherer Preise aufgrund hoher Produktqualität) und
- Indizien aus der Bilanz (Lagerumschlag, Gewährleistungsrückstellungen).

Letztlich wird jedoch die Bewertung dieses Kriteriums subjektiv bleiben, sodass Unternehmer hierauf Einfluss nehmen können. Wie den eigenen Kunden, sollten die Produkte, besonders aber Neu- oder Weiterentwicklungen, auch der Bank „verkauft" werden. In der Präsentation von Neuentwicklungen kann ein Unternehmer sich als innovativ, kreativ und einem klaren Konzept folgend darstellen.

5.3.4.2 Abhängigkeiten

Sowohl zu den Lieferanten wie auch zu den Abnehmern können Abhängigkeiten eines Unternehmens bestehen. Banken sehen bereits dann besondere Risiken, wenn die **Möglichkeit** besteht, dass der wichtigste Lieferant oder der Hauptkunde ausfällt, ohne **Ersatz** hierfür finden zu können, und dann im Einkauf oder Verkauf eines Unternehmens schwerwiegende Beeinträchtigungen entstehen würden.

Ganz deutlich möchte ich darauf hinwiesen, dass es nicht auf die tatsächlich drohende Gefahr eines solchen Ausfalls ankommt, sondern dass die bloße theoretische Möglichkeit bereits für eine negative Bewertung im Rating ausreicht. Diese Überlegung hat vor allem dort eine Bedeutung, wo Unternehmen ganz bewusst eine Abhängigkeit eingehen.

Die **Möglichkeit** einer Abhängigkeit entsteht häufig dann, wenn kleine und mittlere Unternehmen den Alleinvertrieb für einen großen Hersteller in einem bestimmten Markt übernommen haben oder auf ein Spezialprodukt eines größeren Unternehmen angewiesen sind. Die hier gewollte Abhängigkeit hat in der Regel auch ihre positiven Seiten, insbesondere Planungssicherheit durch fixe Gewinnmargen oder fest vereinbarte Liefermengen.

In diesen Fällen ist es häufig so, dass die Abhängigkeit nicht einseitig ist, sondern ebenso für die andere Seite zutrifft und dort ebenfalls bewusst inkaufgenommen wird. Basis solcher gewollten, gegenseitigen Abhängigkeiten sind in aller Regel vertragliche Beziehungen zwischen den Beteiligten.

Um nicht einfach durch die theoretische Möglichkeit eines Ausfalls auf Lieferanten- oder Kundenseite, die bei gewollten Abhängigkeiten definitiv gegeben ist, Gefahr zu laufen, in diesem Kriterium eine negative Bewertung zu erhalten, empfiehlt es sich, die vertraglichen Vereinbarungen zumindest mit der Bank zu besprechen. Im Einzelfall sollte der Bank aber auch Einsicht in derart bedeutende Verträge gegeben werden. Die Bank kann dann unter Umständen Argumente für eine faire, für diesen Fall zutreffende Beurteilung finden.

Während bei gewollten Abhängigkeiten schnell klar ist, dass sie bestehen, ist dies ansonsten nicht so leicht zu sehen. Insbesondere die Frage, ab welchem Prozentsatz vom Einkaufsvolumen oder Umsatz bereits eine Abhängigkeit besteht, kann nur im Einzelfall beantwortet werden. Den entscheidenden Hinweis wird man wohl in der Frage suchen müssen, wann der Wegfall eines Lieferanten oder Kunden nachhaltig die Ertragslage des Unternehmens gefährdet.

In einer für den negativen Fall „Ausfall eines Lieferanten oder Kunden" erstellten Planung kann ein Unternehmer die Konsequenzen ermitteln und Lösungsideen erarbeiten bzw. dokumentieren. Leider geschieht dies eher selten, sodass die entsprechende Bankenfrage meistens mit „der wird uns schon erhalten bleiben, der kann gar nicht anders" beantwortet wird. Auch hier liegt eine Möglichkeit, durch die Erstellung einer solchen Planung Führungs- und Steuerungsqualitäten zu beweisen.

Neben der tatsächlichen Unmöglichkeit, **Ersatz** für einen Kunden zu finden, gibt es aber auch eine scheinbare. Zum Beispiel wird ein Großkunde beliefert, weil es sich um eine langjährige Geschäftsbeziehung mit eingespielten Verfahrensabläufen, guten Margen, niedrigen Transportkosten handelt und/oder die Maschinen speziell für dessen Produkte eingestellt sind. Mehr als 60 % des Umsatzes werden mit diesem Kunden getätigt, sodass auch für Außenstehende eine Abhängigkeit klar erkennbar ist.

Ein solcher Prozentsatz heißt aber oftmals, dass dieser Kunde zusammen mit den übrigen des Unternehmens die Kapazitäten ausschöpft und weitere Kunden gar nicht beliefert werden könnten. Potenzielle Kunden geht das Unternehmen daher nicht aktiv an, einerseits weil die flexible Lieferfähigkeit für den Großkunden weiterhin gewährleistet werden soll. Andererseits hätten neue Kunden Anfangsinvestitionen wie Umstellungskosten von Maschinen, höhere Stückkosten wegen kleinerer Mengen, schlechtere Margen für den Einstieg in neue Verbindungen zur Konsequenz.

In solchen oder ähnlichen Fällen kann bei Banken der Eindruck entstehen, dass für den Wegfall des Großkunden kein Ersatz gefunden werden könnte. Ihr Kreditnehmer macht ja auch offensichtlich keine Anstalten, andere Kunden zu gewinnen. Die Gründe, warum er an diesem Kunden festhält – sowohl die Vorteile aus der bestehenden Geschäftsverbindung wie die Kostennachteile der Neukundengewinnung – sollten der Bank bekannt sein und für sie nachvollziehbar und zufrieden stellend sein. Das setzt im Übrigen aber voraus, dass die Verbindung zu diesem Großkunden zumindest mittelfristig als nicht gefährdet angesehen werden kann.

5.3.4.3 Risiken

Neben den üblichen geschäftlichen können im Einzelfall besondere Risiken die Ertragslage oder gar die Existenz eines Unternehmens gefährden. Diese Risiken können unterschiedlichster Art sein. Im Rating der Banken ist dabei jeweils auf den Einzelfall abzustellen.

Der bekannteste Fall von **Produktshaftungs**risiken in der jüngsten Zeit dürfte Lipobay sein. Die Schadensersatzforderungen gegen den Bayer-Konzern in den USA waren lange nicht abzuschätzen. Die hierfür erforderlichen Rückstellungen haben die Ertragslage erheblich belastet.

Schadensersatzforderungen aus Produkthaftung stellen heute ein besonders hohes Risiko für Unternehmen dar, wobei die zu erwartende Größenordnung zum einen kaum einzuschätzen ist, zum anderen die Möglichkeiten eines Unternehmens schnell überschritten werden können.

Ebenso bedrohliche Auswirkungen können Risiken aus **Umweltschutz**gründen darstellen. Wird festgestellt, dass auf dem Gelände eines Unternehmens vor Jahrzehnten umweltgefährdende Stoffe „entsorgt" wurden und muss der kontaminierte Boden entsprechend behandelt werden, können auf das Unternehmen erhebliche Kosten zukommen. Deren Höhe können die finanziellen Möglichkeiten schnell ausschöpfen oder gar übersteigen.

Beide Fälle werden für Unternehmen wie für Banken zumeist überraschend zum Problem und finden sich recht schnell in der Presse wieder. Werden Banken über diesen Weg unterrichtet, besteht Gefahr für die Vertrauenswürdigkeit des Kreditnehmers, von dem Banken ein offenes Informationsverhalten erwartet hätten. Erst recht das Vertuschen oder Verschleiern derartiger Risiken wird zu einer reservierten Haltung der Banken führen.

Daneben gibt es aber ebenso Risiken, die Unternehmen bewusst eingehen, zum Beispiel **Schadensersatzforderungen** wegen nicht pünktlicher Lieferung bei Großaufträgen oder eingegangene Verpflichtungen aus Geschäften zur Währungssicherung. Was auch immer der Grund für das Entstehen der Risiken ist, zwingend erforderlich ist eine frühzeitige Information der Hausbanken über besondere, neu eingegangene oder überraschend entstandene Risiken.

Die offene und ehrliche Kommunikation mit der Bank ist das einzige Mittel, eine eventuelle Bedrohung für die Offenhaltung bestehender Kreditlinien zu vermeiden. Wichtig ist vor allem, deutlich zu machen, wie mit diesen Risiken umgegangen werden soll. Im Extremfall kann neben der erforderlichen eigenen Rechtsberatung auch auf die Rechtsabteilungen der Banken zurückgegriffen werden, die im eigenen Interesse – Gefährdung der Rückzahlung bestehender Kredite – vermutlich ohnehin aktiv werden wird.

Manche Banken bewerten unter diesem Punkt auch die Zugehörigkeit zu einer so genannten **Risikobranche**. Zumeist gibt es in den Banken Listen mit Branchen, denen aufgrund der wirtschaftlichen Entwicklung oder unangenehmer Erfahrungen in der Vergangenheit ein besonderes Risikopotenzial zugerechnet wird.

Gekränkt auf die Aussage zu reagieren, das eigene Unternehmen gehöre einer Risikobranche an, hilft hier nicht weiter. Vielmehr möchte die Bank die Gewissheit haben, dass ein Unternehmer die in seiner Branche vorhandenen, besonderen Risiken sieht und mit ihnen im Interesse des Unternehmens umzugehen versteht.

Im Kapitel „Einfluss der gestellten Sicherheiten" wird noch auf eine weitere Möglichkeit, Risiken im Ratingverfahren zu berücksichtigen, hingewiesen. Zum einen ist denkbar, dass die übrigen Bewertungen der Ratingkriterien so positiv sind, dass die in diesem Kapitel angesprochenen Risiken kaum noch eine Rolle in der Ermittlung des Risikograde spielen. Gleichwohl misst ihnen wegen der nicht zu überschauenden Unwägbarkeiten eine Bank einen höheren Stellenwert bei.

Daher ist in diesem Ratingschema – wie bei einigen Banken üblich – vorgesehen, dass die Kreditsachbearbeitung eine Abwertung des Kundenrisikograde nach eigener Einschätzung vornehmen kann. Diese Abwertung kann zu schlechteren Konditionen, weiteren Forderungen nach Sicherheiten und zu einer restriktiveren Kreditpolitik gegenüber dem Unternehmen führen. Einer sachgerechten Diskussion der Ratingeinschätzung im Punkt Risiken kommt daher generell ein hoher Stellenwert zu.

5.3.5 Branchenverhältnisse

Um die Branchenaussichten beurteilen zu können, nutzen Banken zwei Möglichkeiten. Zunächst erstellen sie selbst mit Hilfe der EDV-gestützten Erfassung aus den Kunden- Branchenbilanzen und erhalten damit durchschnittliche Vergleichswerte für die einzelnen Branchen.

Andererseits besitzen die Großbanken und bei den Sparkassen und Volksbanken deren überregionale Organisationen eigene volkswirtschaftliche Abteilungen, in denen diese Branchenvergleichszahlen um alle Informationen aus Presse, von Verbänden und aus Unternehmensveröffentlichungen ergänzt und analysiert werden.

Die Branchenaussichten in das Rating eines Kreditnehmers einzubeziehen, ergibt sich aus der Frage:

Kann sich ein Unternehmen gegen den Branchentrend entwickeln?

Gelegentlich gibt es zwar sowohl für eine bessere, erst recht für eine schlechtere Tendenz in einem Betrieb gute Gründe. Diese werden aber bereits unter den finanziellen Verhältnissen durch den Vergleich von Branchenzahlen mit der Kundenbilanz bewertet und sind an dieser Stelle nicht mehr von Bedeutung.

Vielmehr wird hier ausschließlich die Entwicklung der Branche des Kunden beurteilt. Die Einstufungen mit „durchweg positive Aussichten" bis „nachhaltig überaus schwierige Branchensituation" sind unabhängig von den Verhältnissen des Unternehmens und auch nicht beeinflussbar.

5.4 Die Ermittlung des Kundenrisikogrades

21-33 =	AAA	Einwandfreie Bonitäten mit
34-40 =	AA	überdurchschnittlicher Kapital-
41-46 =	A	dienstfähigkeit
47-53 =	BBB	Gute bis durchschnittliche
54-59 =	BB	Bonitäten, die eventuell einer unterjährigen
60-65 =	B	Überwachung bedürfen
66-72 =	CCC	Bonitäten mit erhöhtem Risiko
73-78 =	CC	und eingeschränkter Kapitaldienstfähigkeit
79-85 =	C	Gefährdeter Fortbestand
über 85 =	D	Insolvenz; gekündigt; abgeschrieben

Abbildung 10: Ratingschema – Kundenrisikograd

Dieses Schema ist ein Beispiel, wie aus der Punktzahl ein Risikograd ermittelt werden kann. Die Einteilung in Buchstaben folgt den Bezeichnungen der Ratingagentur Standard and Poor's. Ob Banken dieses Verfahren nutzen oder ihre eigenen – mit anderen Buchstabenkombinationen oder mit Zahleneinteilungen – bevorzugen, ist nicht von Bedeutung.

Allen gemeinsam ist jedoch, dass die beiden letzten Klassen mit dem schlechtesten Ratingurteil – hier: C und D – den bereits wertberichtigten Krediten vorbehalten sind. Auch dabei handelt es sich um ein Erfordernis von Basel II, ist aber ebenfalls nur ein Nachvollziehen der bereits bestehenden Praxis in den Banken.

Die Übersetzung des Kunden- in den Engagementrisikograd erfolgt im Folgenden unter Einbeziehung der Sicherheitenbewertung und bildet das abschließende Krediturteil einer Bank ab.

6 Die Beurteilung der Sicherheitenposition

Einige Verfahren einzelner Institutsgruppen lassen den Einfluss der Sicherheiten auf das Rating außer Acht. Ein solches Rating ist dann ausschließlich eine Bonitätsbeurteilung und fragt nach der Wahrscheinlichkeit, mit der ein Kreditnehmer **insolvent** wird. Im Anschluss erfolgt dann – außerhalb des Ratings – eine abschließende Würdigung des Kreditengagements, in der auch die Sicherheiten berücksichtigt werden.

Andere Bankengruppen beziehen die Sicherheiten direkt in das Rating mit ein. Sie ermitteln ebenfalls zunächst die Kundenbonität, erweitern diese jedoch mit formalen Regeln um den Einfluss der Sicherheiten zum Engagementrisikofaktor. Dieser steht dann für die Wahrscheinlichkeit, bei diesem Kreditengagement einen **Ausfall** zu erleiden.

Ob die Sicherheiten im Anschluss an das Ratingverfahren separat in die Kreditentscheidung einbezogen oder bereits im Rating formal berücksichtigt werden, bleibt sich gleich. Die Einschätzung, dass ein teilbesichertes gegenüber einem vollbesicherten Kreditengagement (bei gleicher Bonitätseinstufung) ein höheres Risiko darstellt, ist in beiden Fällen identisch.

Und um das wahrscheinliche Ausfallrisiko eines Kreditengagements für die bankinterne Eigenkapitalberechnung zu ermitteln, müssen ebenfalls in beiden Verfahren die Sicherheiten einbezogen werden. Erst dann kann das aktuelle Risiko einer Bank aus dem Kreditgeschäft quantifiziert werden. Dieses Risiko errechnet sich aus der Inanspruchnahme aller Kredite zu einem bestimmten Stichtag abzüglich des Wertes der hierfür vereinbarten Sicherheiten.

Hierzu bedarf es allerdings einer Bewertung, die nicht für alle Sicherheiten möglich ist. Insofern wird im Folgenden zwischen **nicht bewertbaren** und **bewertbaren** Sicherheiten unterschieden. Für die bewertbaren Sicherheiten werden die Gründe für Wertabschläge aufgeführt, da sie zu unterschiedlichen Betrachtungen bei Kreditnehmern und Banken führen können. Damit soll eine realistische Einschätzung des Wertes der den Banken gestellten Sicherheiten ermöglicht werden.

Sicherheiten werden in der Bankpraxis nicht immer nur vom Kreditnehmer, sondern häufig auch von Dritten (z. B. Gesellschaftern) gestellt. Diese **privat gestellten Sicherheiten** für Firmenkredite haben in der Kreditentscheidung Konsequenzen, die sich leider in der Regel nicht im Rating wiederfinden.

Die Besicherung einer Bank hat auch Auswirkungen auf andere Banken. Hierzu werden die Notwendigkeit, dass alle Kreditgeber **gleich behandelt** werden, ebenso dargestellt wie die Konsequenzen, wenn dies nicht der Fall ist.

Zuletzt wird anhand von formalen Regeln der **Einfluss der Sicherheiten** auf die Ermittlung des Engagementrisikogrades dargestellt. Die hierzu notwendigen Überlegungen sind die gleichen, wie sie bei einer außerhalb des Ratingverfahrens vorzunehmenden, abschließenden Kreditbeurteilung erforderlich sind.

6.1 Nicht bewertbare Sicherheiten

Die häufigsten Formen nicht bewertbarer Sicherheiten sind:

- die Bürgschaft,
- die Negativerklärung und
- die Darlehnsbelassungserklärung mit Rangrücktritt.

Während die Bürgschaft und auch die Negativerklärung keinen Einfluss auf das Rating haben, besteht über die Darlehnsbelassungserklärung im Einzelfall die Möglichkeit, das Rating sogar erheblich zu verändern.

Daneben gibt es noch andere Erklärungen wie die Patronatserklärung oder auch Garantien, die aber im Mittelstand selten eine Rolle spielen. Bei der Patronatserklärung erklärt der Patron – meist eine Konzernobergesellschaft – gegenüber einer Bank, während der Dauer des Kreditverhältnisses für eine bestimmte finanzielle Mindestausstattung des Kreditnehmers, einer Tochtergesellschaft, zu sorgen. Dies kann auch eine verpflichtende Erklärung sein, die aber auch dann in einem Rating nur selten für eine Veränderung sorgt.

Gelegentlich kommt es vor, dass ausländische Gesellschaften für ihre inländischen Töchter eine Garantie übernehmen, die dann zumeist von einer Bank gestellt wird. Für den Mittelstand hat dies allerdings kaum Bedeutung.

6.1.1 Die Bürgschaft

Mit der Bürgschaft verpflichtet sich der Bürge gegenüber dem Gläubiger, für die Verpflichtungen eines Dritten einzustehen. In der Regel geschieht dies heute durch eine Höchstbetragsbürgschaft, d. h. eine betraglich begrenzte Verpflichtungserklärung. Insbesondere bei Kapitalgesellschaften legen Banken Wert auf eine persönliche Haftung der Gesellschafter. Bei Personengesellschaften kommen Bürgschaften von Eltern (bei Existenzgründern oder bei der Umsetzung von Nachfolgeregelungen) sowie von Ehegatten in Betracht.

Auch wenn Banken sich die Einkommens- und Vermögensverhältnisse von Bürgen offen legen lassen, so stellt die Bürgschaft dennoch nur eine erweiterte Haftung dar. Im Falle einer Inanspruchnahme aus der Bürgschaft tritt der Bürge an die Stelle des bisherigen Kreditnehmers. D. h. dann müssen mit ihm Rückzahlungsvereinbarungen und gegebenenfalls auch Vereinbarungen über zu stellende Sicherheiten getroffen werden. Nun erst zeigt sich, ob eine Bürgschaft werthaltig war. Aufgrund dessen kann eine Bürgschaft in ihrem Wert im Vorhinein nicht beziffert werden.

Gründe, warum eine Bank dennoch auf einer Bürgschaft besteht, können sein:

- Mangels anderer Sicherheiten zumindest eine Ausdehnung der Haftbasis auch auf den Bürgen.
- Vermeidung von Folgen aus Vermögensübertragungen zwischen Eheleuten.
- Nachweis des finanziellen, aber auch des persönlichen Engagements des bürgenden Gesellschafters.

Bei Kapitalgesellschaften spielt der letztgenannte Grund eine besondere Rolle. Mit der Bürgschaft wird erreicht, dass der bürgende Gesellschafter im Falle einer Insolvenz bei der erfolgreichen Verwertung anderer Sicherheiten, z. B. des übereigneten Warenlagers, mitwirkt, um zu vermeiden, dass die Bank gegen ihn aus der Bürgschaft vorgeht. Damit soll eine Verschleuderung bei der Verwertung dieser Sicherheiten vermieden werden.

In Ausnahmefällen kann eine Bank einer Bürgschaft einen Sicherheitenwert beimessen, wenn bereits in ihr vereinbart wurde, dass bestimmte, durch den Bürgen zu stellende Sicherheiten – zumeist in der Bank vorhandene Depotwerte oder Guthaben – als Unterlegung für die Bürgschaft dienen.

Überschreiten diese Vermögenswerte (nach Abzug der üblichen Wertabschläge) den Höchstbetrag der Bürgschaft, kann sie den Bürgschaftsbetrag als Wert der Sicherheit heranziehen. Erreichen diese Vermögenswerte jedoch nicht den verbürgten Betrag, kann ihnen nur in ihrer tatsächlichen Höhe ein Wert beigemessen werden.

6.1.2 Die Negativerklärung

Die Negativerklärung besagt, dass der Erklärende sich verpflichtet, bestimmte Vermögensgegenstände nicht zu belasten, insbesondere sie nicht anderen Gläubigern als Sicherheit zu geben. Dies kann sich auf das Umlaufvermögen eines Unternehmens beziehen, d. h. das Warenlager darf Dritten nicht übereignet bzw. die Forderungen dürfen anderen nicht abgetreten werden.

Zumeist wird die Negativerklärung jedoch bei Immobilien benutzt, um Kosten der Eintragung einer Grundschuld zu sparen. Ergänzt wird sie dann in der Regel zur so genannten Negativ-Positiv-Erklärung, in der es heißt, der Erklärende verpflichtet sich nicht nur, einen bestimmten Grundbesitz über bereits bestehende Belastungen hinaus nicht (Negativ-Aspekt) weiter zu belasten, sondern gleichzeitig auf Anforderung durch die Bank eine Grundschuld als Sicherheit (Positiv-Aspekt) eintragen zu lassen.

Weil es sich hierbei nur um eine Verpflichtung handelt, die Banken unter Umständen gar erst einklagen müssen, kann die Negativerklärung, selbst in der Ausgestaltung mit der Verpflichtung, eine Grundschuld zu bestellen, nicht quantifiziert und damit als Sicherheit nicht bewertet werden.

6.1.3 Die Darlehnsbelassungserklärung mit Rangrücktritt

Auch die Darlehnsbelassungserklärung ist an sich nur eine – allerdings verpflichtende – Erklärung, die ebenfalls nicht als Sicherheit bewertet werden kann. Sie hat allerdings eine nicht zu unterschätzende Auswirkung auf die Bilanz des Kreditnehmers und darüber Einfluss auf die Ratingbewertung der bilanziellen Verhältnisse.

In der Darlehnsbelassungserklärung verpflichten sich Gesellschafter, ihre in das Unternehmen eingebrachten Darlehn dort zu belassen und im Rang hinter andere Verbindlichkeiten zurückzutreten. Diese Erklärung kann gegenüber einer einzelnen Bank, mehreren Banken oder aber gegenüber allen Gläubigern abgegeben werden. Im letzteren Fall ist dies in der Bilanz testiert, wobei die Erklärung entweder gegenüber dem Steuerberater oder Wirtschaftsprüfer abgegeben wird oder bereits im Darlehnsvertrag zwischen Unternehmen und Gesellschafter enthalten ist.

Im klassischen Sinne ist die Darlehnsbelassungserklärung eigentlich keine Sicherheit. Sie verbessert zwar die Eigenkapitalverhältnisse in der Bilanz eines Kreditnehmers. Aber Banken haben keine Zugriffsrechte auf die Darlehn. Entsprechend kann die Darlehnsbelassungserklärung auch nicht mit einem Sicherheitenwert quantifiziert werden.

Die Gewährung von Darlehn durch Gesellschafter an ihr Unternehmen kommt am häufigsten in den Rechtsformen der KG und der GmbH & Co KG auf den Verrechnungskonten der Kommanditisten vor. Gelegentlich sind aber auch Darlehn von Gesellschaftern an ihre GmbH oder AG zu finden, für die diese Ausführungen dann ebenfalls zutreffen. Bei den übrigen Personengesellschaften (Einzelfirma, Gesellschaften bürgerlichen Rechts, OHG und Komplementäre der KG oder GmbH & Co KG) zählen Darlehn der dann ja persönlich haftenden Gesellschafter ohnehin bereits zum haftenden Kapital.

Im Unterschied zum Kommanditkapital stehen die Beträge auf den Verrechnungskonten von Kommanditisten nicht langfristig dem Unternehmen zur Verfügung, sondern können jederzeit von den Gesellschaftern abgerufen werden, sofern nicht ein Darlehnsvertrag etwas anderes besagt. Dies gilt rechtlich auch dann, wenn die Kommanditisten aus ihrer Sicht bereits seit Jahren/Jahrzehnten auf diesen Verrechnungskonten dem Unternehmen Eigenkapital zur Verfügung stellen.

Aufgrund dieser rechtlichen Bedeutung betrachten Banken diese Verrechnungskonten als kurzfristiges (da jederzeit abrufbares) Fremdkapital des Unternehmens und werten es in der Bilanzanalyse mit zwei Konsequenzen so aus:

– Die Eigenkapitalquote errechnet sich nur aus dem ausgewiesenen Haftkapital in Relation zur Bilanzsumme, d. h. ohne die Verrechnungskonten und liegt damit erheblich niedriger als mit deren Berücksichtigung.

– Als kurzfristiges Fremdkapital wirken die Verrechnungskonten gleichzeitig negativ auf die Liquiditätskennziffer des Unternehmens.

Erklären sich Gesellschafter jedoch bereit, ihre Darlehn im Unternehmen zu belassen und hinter die Forderungen einer Bank oder der Banken zurückzutreten, verbessern sich die beiden Ratingkriterien Eigenkapital und Liquidität schlagartig, da diese Verrechnungskonten meist deutlich höher dotiert sind als das eigentliche Haftkapital. Der Kundenrisikograd kann sich in besonders günstigen Fällen durch nur eine Unterschrift auf einer Darlehnsbelassungserklärung – mit allerdings rechtlich dauerhafter Verpflichtung – erheblich verbessern.

Dies könnte dazu verführen, das eigene Rating durch einen Federstrich zu verbessern. Hierüber sollte allerdings gründlich mit Hilfe des Steuerberaters, gegebenenfalls eines Rechtsanwaltes, nachgedacht werden. Fragen, die dabei eine Rolle spielen, sind:

- Kann auf die dann gebundenen Darlehnsbeträge verzichtet werden, oder sollte nur ein Teilbetrag durch eine solche Erklärung im Unternehmen gebunden werden?
- Sollen die darauf entfallenden Zinsen der Darlehnsbelassungserklärung ebenfalls unterworfen sein, und wie werden die hierauf anfallenden Steuern beglichen?
- Ist die Erklärung angesichts angedachter oder künftiger Erbfolgeregelungen sinnvoll?
- Ist der Zeitpunkt für eine solche Erklärung der richtige?

Fordert eine Bank diese Erklärung, will sie eine Verbreiterung der Eigenkapitalbasis eines Unternehmens erreichen. Dies kann der Fall sein, wenn durch Verluste das Festkapital deutlich reduziert wurde oder wenn durch Geschäftsausweitung bzw. erhebliche Investitionen die Quote des haftenden Eigenkapitals zur Bilanzsumme gesunken ist. In diesen Fällen hätte der Unternehmer die Forderung der Bank erwarten bzw. zumindest von seinem Steuerberater vorgewarnt werden müssen.

Problematisch wird die Erfüllung der Bankforderung, wenn weitere Banken in die Unternehmensfinanzierung eingebunden sind. Einer Bank nachzugeben und den anderen Banken dies zu verschweigen, wäre sicherlich der falsche Weg (s. hierzu auch „Beziehungen zur Bank"). Unterrichtet man jedoch die anderen Banken, werden diese sich die Frage stellen, ob die erste Bank über weitergehende, möglicherweise negative Informationen verfügt. Neben den damit aufkommenden Zweifeln tritt als Effekt ohnehin ein, dass im Sinne einer Gleichbehandlung die anderen Banken ebenfalls diese Erklärung fordern.

Da aber die Forderung nach einer Darlehnsbelassungserklärung aufgrund veränderter finanzieller Verhältnisse zu erwarten war, wäre ein aktives Handeln des Unternehmers besser gewesen. Von sich aus allen Banken diese Erklärung anzubieten, hat zudem noch den Vorteil, dass die oben erwähnten Fragen mit Steuerberater und/oder Rechtsanwalt im Vorfeld geklärt werden und deren Antworten in die Ausgestaltung der Darlehnsbelassungserklärung einfließen können. Und nicht zuletzt hätte der Unternehmer durch dieses Verhalten sein Engagement für das Unternehmen und dessen Geschäftspartner unterstrichen.

Bedenken sollte man jedoch, dass die Chance, das eigene Rating durch diese Erklärung zu verbessern, nur einmal besteht. Insofern ist die Überlegung, wann der richtige Zeitpunkt hierfür ist, von besonderer Bedeutung.

6.2 Bewertbare Sicherheiten

Die bewertbaren Sicherheiten lassen sich in folgende vier Gruppen einteilen, wobei die wichtigsten Formen als Beispiele genannt sind:

- **Pfandrechte**, z. B. Verpfändungen von Depots bzw. Kontoguthaben.
- **Grundpfandrechte**, normalerweise die Grundschuld auf Immobilien; gelegentlich aber auch die Hypothek auf Schiffen oder Flugzeugen.
- **Sicherungsübereignungen** von Warenlager, Fahrzeugen, Maschinen oder sonstigen Gegenständen.
- **Sicherungsabtretung** von Forderungen aus Lieferungen, Lebensversicherungen, Bausparverträgen oder Steuererstattungen.

Ihnen ist gemeinsam, dass zwischen dem Verkehrswert und dem niedrigeren Sicherheitenwert zu unterscheiden ist. Letzterer ergibt sich aus Abschlägen, die auf den Verkehrswert vorgenommen werden. Damit soll mit einer vorsichtigen Betrachtungsweise ein langfristig, nachhaltig erzielbarer Erlös aus einer Verwertung von Sicherheiten ermittelt werden. Nur in Höhe dieses Erlöses ist eine Sicherheit zur Unterlegung von Krediten aus Sicht einer Bank werthaltig.

Die Abschläge, die für die einzelnen Sicherheiten vorgenommen werden, sind in den Bewertungsregeln der Banken intern festgelegt. Diese können zwischen den verschiedenen Instituten variieren und weichen in der internen Bankbetrachtung zudem von der Rechtsprechung ab.

Die Rechtsprechung sieht vor, dass Kreditnehmer vor der Übersicherung einer Bank geschützt werden und die Sicherungsverträge Freigabeklauseln enthalten müssen. Hierzu ist es notwendig – vor allem bei wechselnden Sicherheitsbeständen wie bei Warenlagern oder Forderungen – Deckungsgrenzen in Sicherheitenverträgen festzulegen, bei deren nicht nur vorübergehendem Überschreiten eine teilweise Freigabe von Sicherheiten erfolgen kann. In der Regel liegt diese Deckungsgrenze bei 120 % des zu sichernden Krediten.

Die Differenz zwischen der Deckungsgrenze und dem Kredit ist der rechtlich zulässige Bewertungsabschlag, der von dem bankinternen erheblich abweichen kann. Dieser Abschlag gilt beispielsweise auch für Forderungen gegenüber dem Ausland. Dennoch werden Banken Auslandsforderungen oftmals generell als nicht bewertbar ansehen, da sie im Verwertungsfall nur mit sehr erheblichem Aufwand einzutreiben sind.

Die Kenntnis der Bewertungsabschläge ist für eine realistische Einschätzung, welches Risiko eine Bank in einem Kreditengagement sieht, unerlässlich. Im Folgenden werden die Gründe für Bewertungsabschläge sowie Besonderheiten der einzelnen Sicherheiten erläutert. Dabei wird zunächst nicht unterschieden, wer die Sicherheit stellt. Die Bedeutung privat gestellter Sicherheiten für Firmenkredite wird in einem weiteren Kapitel beleuchtet.

6.2.1 Pfandrechte

In der Bankpraxis kommen Pfandrechte in zwei Ausgestaltungen vor. Die Allgemeinen Geschäftsbedingungen der Banken beinhalten bereits ein Pfandrecht an allen Wertgegenständen des Kreditnehmers, die sich in ihrem Besitz befinden. Im Wesentlichen sind dies Kontoguthaben und Depots. In Einzelfällen kann dies auch ein Safe oder Schließfach sein, wobei die Bank dann allerdings den Inhalt nicht kennt und hierin keinen Wert sehen kann.

Daneben ist es allerdings der Regelfall, ein Pfandrecht vertraglich zu vereinbaren. Auch hier sind Kontoguthaben und Depots üblicherweise Gegenstand der Verpfändung. Auf Kontoguthaben werden normalerweise keine Abschläge gerechnet, d. h. sie werden in voller Höhe als Sicherheit bewertet. Ausnahmsweise kann hiervon abgewichen werden, wenn es sich um lang laufende Sparverträge handelt. Diese müssten im Verwertungsfall vorzeitig ausgezahlt werden. Dann sind jedoch Vorschusszinsen oder Gebühren für die vorzeitige Auszahlung zu berücksichtigen.

Bei der Depotverpfändung werden unterschiedliche Abschläge auf die verschiedenen Arten der Wertpapiere gerechnet, die aus möglichen Kursschwankungen resultieren. Für Aktien sind diese Abschläge höher als für festverzinsliche Wertpapiere, da sie größeren Veränderungen unterliegen. Bei beiden werden weitere Abschläge vorgenommen, wenn es sich um Wertpapiere in anderen Währungen handelt. Im Extrem können die Abschläge auch zur Nichtbewertung führen, wenn es sich um hoch spekulative Werte oder Währungen handelt.

Als Anhaltspunkt für die Abschläge bei Wertpapieren (jeweils auf den aktuellen Tageskurs) kann folgende Übersicht dienen:

- Aktien in Euro   40-60 % Abschlag vom Kurswert
-     in anderen Währungen   50-70 %
- Festverzinsliche Wertpapiere in Euro   20-30 %
-     in anderen Währungen   25-50 %

Derartige Tabellen sind in den Banken meistens noch weiter aufgefächert, wobei auch weitere Formen, wie z. B. Optionsscheine und Investmentfonds, sowie einzelne Marktsegmente (ehemals Neuer Markt u. ä.) separat berücksichtigt werden. Details sollten im Einzelfall mit der eigenen Bank besprochen werden.

6.2.2 Grundpfandrechte

Obgleich durch Grundpfandrechte gesicherte Kredite oft auch als Hypothekenkredite bezeichnet werden, spielt die Hypothek im deutschen Bankwesen kaum noch eine Rolle. Rechtlich sind Hypotheken immer an den Bestand eines zugehörigen Kredites gebunden und bestehen nur in Höhe dieses Kredites, d. h. mit Tilgung des Kredites vermindert sich auch die Hypothek. Dies hat zur Folge, dass bei einer neuen Kreditaufnahme eine neue Hypothek eingetragen werden muss.

Um die dann zwingend erforderliche erneute Einschaltung eines Notars und damit künftige Kosten zu sparen, wird regelmäßig die Grundschuld herangezogen, wenn Immobilien als Sicherheit dienen sollen. Ihr Bestand ist unabhängig vom Bestehen eines Kredites und kann problemlos auf andere Kredite übertragen werden. Erforderlich hierfür ist die so genannte Sicherungszweckerklärung, aus der hervorgeht, für welche Kredite eine bestimmte Grundschuld haften soll.

Die **Bewertung** einer Immobilie erfolgt entweder durch die Bank selbst – in der Regel nur bei Wohnobjekten – oder durch einen Sachverständigen. Um Probleme mit der Anerkennung eines Sachverständigen zu vermeiden, sollte mit der Bank abgestimmt werden, wer das Bewertungsgutachten erstellen soll.

Am Ende eines solchen Gutachtens steht ein so genannter Verkehrswert, den die Bank allerdings nochmals auf Plausibilität überprüft. Gegebenenfalls rechnet sie von diesem Wert einen weiteren Sicherheitsabschlag ab und gelangt so zum Beleihungswert der Immobilie. Kredite, die nicht über 60 % dieses Beleihungswertes hinausgehen, werden als Realkredit bezeichnet.

Die folgenden Beispiele erläutern die Betrachtungsweise einer Bank:

– Eine Immobilie hat einen Verkehrswert von 1000, die mit einer Grundschuld von 600 belastet ist. Die Bank hält einen Sicherheitsabschlag von 10 % für erforderlich und errechnet somit einen Beleihungswert von 900. Bis zu 60 % dieses Wertes, d. h. bis 540, betrachtet sie Kredite als vollständig, werthaltig abgesichert.

– Beträgt das Kreditengagement mehr als 540, z. B. 750, so sieht sie das Engagement als teilweise, aber mit einem Sicherheitenwert von 540 als werthaltig besichert an (sofern nicht weitere Sicherheiten vereinbart sind).

– Ist das Kreditengagement von ehemals 750 durch Tilgung langfristiger Kredite auf 350 zurückgegangen, dann ist es vollständig und werthaltig besichert. Den Sicherheitenwert bemisst die Bank nun aber an der Höhe des Engagements mit 350. Die Differenz zu dem möglichen Sicherheitenwert von 540 wird als freier Grundschuldteil angesehen, der für neue oder andere Kredite herangezogen werden könnte.

Die Verbindung zwischen einer Grundschuld und Krediten wird über eine so genannte **Sicherungszweckerklärung** hergestellt. In ihr ist festgehalten, für welchen Kredit (welche

Kredite) eine Grundschuld als Sicherheit dient. Oftmals ist dieser Sicherungszweck auf langfristige Kredite beschränkt. Dies hat zur Folge, dass durch die Tilgung freie Grundschuldteile entstehen, die nicht als Sicherheit für das übrige Kreditengagement dienen.

Im Einzelfall kann es dann ratsam sein, mit der Bank eine neue, das gesamte Kreditengagement umfassende Sicherungszweckerklärung zu vereinbaren. Damit sollte dann aber eine Konditionsverbesserung einhergehen, da die Bank in ihrer Sicherheitenposition besser gestellt wird.

Bei der Festlegung des Beleihungswertes gewerblicher Immobilien ist die **Drittverwendungsfähigkeit** des Objektes von besonderer Bedeutung. Gemeint ist damit, ob die Immobilie von Dritten ohne Einschränkungen genutzt werden kann oder nicht. Derartige Einschränkungen können eine zu niedrige Höhe einer Lagerhalle oder die fehlende bzw. nicht ausreichende Tragfähigkeit einer Produktionshalle für Krananlagen sein und haben dann höhere Abschläge in der Bewertung zur Folge.

Zumindest bei Errichtung neuer gewerblicher Objekte sollte dem Aspekt der Drittverwendungsfähigkeit Beachtung geschenkt werden. Dabei geht es nicht allein um eine eventuell bessere Sicherheitenbewertung durch die Bank. Vielmehr liegt es letztlich im eigenen Interesse eines Unternehmers, durch derartige „Mängel" den Kreis potenzieller Interessenten für einen späteren Verkauf des Objektes nicht einzuschränken.

6.2.3 Sicherungsübereignungen

Am häufigsten kommen Sicherungsübereignungen bei Warenlagern, Fahrzeugen und Maschinen vor. Die Abschläge der Banken auf die Werte dieser Gegenstände führen meist zu deutlich niedrigeren Beträgen, als sie in Gebrauchtwaren-Preislisten (für Fahrzeuge z. B. die Schwacke-Liste) zu finden sind. Denn noch stärker als bei der Zwangsversteigerung von Immobilien hoffen Interessenten in der Verwertung dieser Gegenstände ein Schnäppchen zu machen, wenn Banken sie anbieten.

Bewertungsabschläge beim Warenlager sind u. a. auf folgende Überlegungen zurückzuführen:

- Sind die Roh-, Hilfs- und Betriebsstoffe so getrennt, dass sie noch einzeln verwertet werden können oder bereits so miteinander vermischt, dass eine Verwertung unmöglich ist?
- Sind halbfertige Teile überhaupt für Dritte nutzbar, oder ist der notwendige Weiterverarbeitungsaufwand gemessen an einem erwarteten Erlös unvertretbar hoch?
- Welcher Aufwand ist für die Auslieferung des Fertiglagers erforderlich?

Die Unwägbarkeiten dieser Fragen führen zu Bewertungsabschlägen von 50 bis 60 % auf den aktuellen Lagerwert. Aufgrund der Eigentumsvorbehalte von Lieferanten sind die Verbindlichkeiten aus Lieferungen und Leistungen diesem reduzierten Wert des **Warenlagers** gegenzurechnen. Damit verbleibt in der Regel aus der Sicherungsübereignung des Warenlagers kein Sicherheitenwert für die Bank.

Üblicherweise richten sich die Lieferantenrechte auch auf die durch Warenverkauf entstandenen Forderungen. Um einen Sicherheitenwert aus der Übereignung des Warenlagers zu erhalten, vereinbaren Banken zumeist einen kombinierten Vertrag, in dem sowohl das Warenlager sicherungsübereignet wird und ebenso die Warenforderungen abgetreten werden.

Vereinzelt kommt es allerdings vor, dass eine Bank nur das Warenlager als Sicherheit hereingenommen hat. Die Konsequenz der fehlenden Abtretung der Forderungen ist dann für den Kunden ein schlechterer oder gar fehlender Sicherheitenwert. Daher sollte ein Kreditnehmer, wenn er das Warenlager seiner Bank als Sicherheit gibt, Wert darauf legen, auch den Forderungsbestand mit einbeziehen zu lassen.

Die Abschläge für privat und geschäftlich genutzte **Fahrzeuge** werden unterschieden. Privat genutzte Fahrzeuge werden mit leichten Abschlägen auf die Beträge in Gebrauchtwagentabellen bewertet. Bei Geschäftsfahrzeugen unterstellen Banken eine deutlich höhere Nutzung und bilden entsprechend höhere Abschläge.

Maschinen werden – auch bei der Neuanschaffung – mit Abschlägen bewertet, die vom Einzelfall abhängen. Hier liegt die Begründung im Wesentlichen darin, dass eine Bank kein Maschinenhändler und – im Unterschied zu Fahrzeugen – der Markt für gebrauchte Maschinen beschränkt ist.

Gerade Maschinen werden häufig von den Herstellern gemeinsam mit Finanzierungen oder Leasing angeboten, um einen Kaufanreiz zu schaffen. Bei der Betrachtung des Sicherheitenwertes liegt darin ein Vorteil gegenüber der klassischen Bankfinanzierung. Die Finanzierungs- oder Leasing-Gesellschaften, die teilweise den Herstellern nahe stehen, können den Wert für Maschinen oder Fahrzeuge deutlich besser einschätzen als Banken. Insofern ist es eine strategische Überlegung, diese Finanzierungsalternative eingehender zu prüfen und eventuelle Konditionsnachteile unter diesem Aspekt abzuwägen.

Diese Überlegung gilt natürlich ebenfalls für Fahrzeuge. In beiden Fällen führen die Bewertungsabschläge der Banken – insbesondere bei einer vollständigen Finanzierung – dazu, dass bereits früher gestellte, andere Sicherheiten zur Unterlegung eines für neue Fahrzeuge oder Maschinen aufgenommenen Kredites angerechnet werden. Damit wird sich aber die Sicherheitenunterlegung des bisherigen Kreditengagements verschlechtern, eventuell auch mit Auswirkungen auf die Kontokorrentkondition.

6.2.4 Sicherungsabtretungen

Obgleich Abtretungen immer eine Geldforderung des Kreditnehmers zum Gegenstand haben, bewerten Banken diese nicht in voller Höhe, sonder berücksichtigen auch hier Abschläge. Für Forderungen aus Lieferungen und Leistungen lassen sich im Falle einer Verwertung durch die Bank u. a. folgende Gründe finden:

- Auslandsforderungen sind nur mit erheblichem Aufwand einzutreiben und werden daher mit sehr hohen Abschlägen – wenn überhaupt – bewertet.
- Inlandsforderungen können neben fehlender Zahlungsfähigkeit des Abnehmers mit rechtlichen Einreden belastet sein oder werden.

Diese Einreden entstehen aus Aufrechnung mit bestehenden oder behaupteten Gegenforderungen des Abnehmers, aus Schadensersatzansprüchen (z. B. weil nach einer Insolvenz des Kreditnehmers Folgelieferungen ausbleiben) oder aus (berechtigten oder unberechtigten) Mängelansprüchen. Die damit in einer Verwertung verbundenen Unwägbarkeiten machen Bewertungsabschläge aus Vorsichtsgründen notwendig.

Im vorigen Kapitel war bereits darauf hingewiesen worden, zusammen mit der Sicherungsübereignung des Warenlagers auch die Forderungen aus Lieferungen und Leistungen abtreten zu lassen. Aus beiden zusammen ergibt sich folgendes Berechnungsschema für den Sicherheitenwert:

	Wert des Warenlagers
abzgl.	Bewertungsabschlag Lager
zzgl.	Wert des Forderungsbestandes
abzgl.	Bewertungsabschlag Forderungen
abzgl.	Gesamte Lieferantenverbindlichkeiten
	Sicherheitenwert aus Lagerübereignung und Forderungsabtretung

Abbildung 11: Bewertung des Umlaufvermögens

Die Lieferantenrechte sind immer in voller Höhe den Vermögenswerten aus Lager und Forderungen zusammen gegenzurechnen, da nicht beurteilt werden kann, gegen welche Vermögensgegenstände sich diese Rechte tatsächlich richten. Insofern macht es keinen Sinn, nur das Lager zu übereignen oder nur die Forderungen abzutreten. Diese Berechnung berücksichtigt im Übrigen auch den Schutz der Lieferanten im Verwertungsfall.

In beiden Fällen führt der Abzug der Lieferantenrechte zu einer Verschlechterung oder dem Fehlen eines Sicherheitenwertes. Gleiches gilt auch für die teilweise Abtretung des Forderungsbestandes, z. B. Abtretung der Forderungen gegen alle Abnehmer, deren Namen mit A-K beginnen.

Weitere Forderungsabtretungen sind für Bausparverträge, Lebensversicherungen oder Steuererstattungen denkbar. Die Besonderheiten dabei können sein:

- Bausparverträge: Üblicherweise bestehen hier halbjährliche Kündigungsfristen, die bei einzelnen Banken in Höhe der Kreditverzinsung zu Abschlägen führen können.

- Lebensversicherungen: Nach Ablauf von 12 Jahren sind die Erträge in einer Lebensversicherung steuerfrei. Wird die Lebensversicherung jedoch vor Ablauf dieser Frist zurückgefordert, sind die bislang erzielten Erträge zu versteuern. Hierfür werden pauschale Abschläge in Höhe der geschätzten Steuer berücksichtigt.

- Steuerforderungen: Normalerweise werden hierauf keine Abschläge gerechnet, da sie erst nach Vorlage des Steuerbescheides bewertet werden können und dann innerhalb kurzer Zeit ausgezahlt werden.

6.3 Privat gestellte Sicherheiten

Gerade bei kleinen und mittleren Unternehmen sind Sicherheiten, die von Gesellschaftern – oder auch von Dritten (Eltern, Ehepartnern) – für Firmenkredite gestellt werden, häufig anzutreffen. In erster Linie ist dies sicherlich die Grundschuld auf Privatimmobilien. Aber auch Lebensversicherungen, Bausparverträge, Guthaben auf Spar- oder Festgeldkonten sowie Wertpapierdepots dienen Banken zur Unterlegung ihrer Kreditengagements.

In allen Fällen ist die Konstellation die gleiche: Bilanzierten Firmenkrediten stehen nicht bilanzierte Vermögensgegenstände gegenüber. Dies hat zur Konsequenz, dass im Insolvenzfall der Firmenkredit aus der Verwertung privaten Vermögens zurückgezahlt wird. Genau genommen handelt es sich bei dieser Rückzahlung um eine Kapitaleinlage des Gesellschafters – wenn auch gezwungenermaßen.

Das lässt sich auch so formulieren: Wenn die Firma pleite ist, wird das Eigenkapital aufgestockt und damit die Eigenkapitalquote – allerdings zu spät – verbessert. Werden solche Sicherheiten aber im Rating – beispielsweise zur Verbesserung der Eigenkapitalquote – berücksichtigt, solange die Firma noch existiert?

Banken analysieren das Zahlenwerk von Unternehmen anhand der von Steuerberatern oder Wirtschaftsprüfern erstellten Bilanzen. In diesen werden selbstverständlich private Vermögensgegenstände nicht aufgeführt, da sie ja nicht zum Firmenvermögen gehören. Allenfalls erscheinen diese, wenn in der Bilanz die gesamten Kreditlinien und die dafür gestellten Sicherheiten aufgeführt werden. Zumeist geschieht dies aber nur in von Wirtschaftsprüfern erstellten Bilanzen.

Entsprechend dem Bilanzausweis werden alle Bankkredite in der Analyse entweder den kurz- oder den langfristigen Verbindlichkeiten zugeordnet. Dabei spielt die Art der Sicherheit keine Rolle. Für die Bankbetrachtung ist dies insofern auch richtig, da nur der Bilanzausweis die finanziellen Verhältnisse des Kreditnehmers widerspiegelt. Nur so lässt sich auch die Vergleichbarkeit mit anderen Unternehmen herstellen, die für Branchenauswertungen erforderlich ist.

An folgendem Beispiel wird erläutert, warum diese zwar richtige Betrachtungsweise im Ratingprozess nicht zu einem im Interesse des Kreditnehmers liegenden Ergebnis führt:

Statt der Forderung der Bank zu folgen, das Depot als Sicherheit zu verpfänden, veräußert ein Gesellschafter sämtliche Depotwerte und erhöht mit dem Erlös seinen Haftkapitalanteil. Durch die damit zugeführte Liquidität verbessert sich zum einen die Liquiditäts-Kennziffer in der Bilanzanalyse und damit im Rating. Bedeutender ist aber die Erhöhung der Eigenkapitalquote und damit die Verbesserung einer der wichtigsten Ziffern in der Kennzahlenanalyse von Banken.

Eigentlich sollte doch zumindest dieser zweite Effekt eintreten, wenn aus steuerlichen Überlegungen eine Veräußerung nicht gewünscht wird. Hierzu würde es aber in der Analyse der Banken einer Korrektur gegenüber den vom Steuerberater oder Wirtschaftsprüfer erstellten Bilanzen bedürfen.

Leider ist nicht zu erwarten, dass Banken von der Art der Bilanzanalyse abweichen und privat gestellte Sicherheiten bei der Ermittlung der Eigenkapitalquote berücksichtigen. Denkbar wäre es. Und auch die Umsetzung wäre leicht möglich. Hierzu müssten nur die Kredite, die vollständig durch diese Sicherheiten gedeckt sind, unter sonstigem Haftkapital in der Bilanzanalyse erfasst werden. Da diese Erfassung manuell geschieht, wäre lediglich eine interne Arbeitsanweisung in den Banken erforderlich.

Im Übrigen ist eine privat gestellte Sicherheit nicht nur für die Bank, der sie gegeben wurde, von Bedeutung. Vielmehr profitieren auch die anderen Kreditgeber davon, denn – wie bereits erwähnt – werden damit im Insolvenzfall Kredite der Firma von außen zurückgeführt. Sie belasten also nicht die Konkursmasse und verbessern so die Chancen dieser Kreditgeber.

Diese qualitative Betrachtung wie auch die damit dokumentierte Bereitschaft des Unternehmers, mit privatem Vermögen für die Firma zu haften, sollten allerdings – wenn schon nicht im Rating – in der abschließenden Würdigung des Kreditengagements und der Konditionsfindung berücksichtigt werden.

Da Banken sich nicht auf eine Korrektur ihrer Analyse einlassen werden, gibt es zwei andere Möglichkeiten, zu einem positiven Ergebnis für das Rating zu gelangen. Die bereits im obigen Beispiel genannte **Veräußerung** oder durch eine private Kreditaufnahme die **Beleihung** privater Vermögensgegenstände sollten in Erwägung gezogen werden.

In den seltensten Fällen kommt die Veräußerung bei Immobilien in Betracht. Denkbar ist sie aber bei Depotwerten. Bei der Verpfändung eines Depots zur Sicherung von Firmenkrediten sollte in jedem Fall darüber nachgedacht werden, ob dies ein sinnvoller Weg ist. Denn, wie im vorigen Kapitel bereits ausgeführt, werden Depotwerte mit nicht unerheblichen Abschlägen als Sicherheit bewertet.

Fordert eine Bank z. B. ein Depot mit einem Kurswert von einer Mio. € als Sicherheit, in dem nur deutsche Aktien enthalten sind, so wird sie darin nur einen Sicherheitswert von 500 T€ sehen. Insofern läge es nahe, die Hälfte des Depots zu verkaufen und den Gegenwert als Eigenkapital in die Firma einzubringen. Entspricht dieser Betrag doch dem geforderten Sicherheitswert.

Doch Halt! Dann besteht ja immer noch ein Depot mit einem Wert von 500 T€, das mit einem Wert von 250 T€ als Sicherheit dienen könnte. Dieses Gedankenspiel ließe sich noch weiter fortsetzen. Daher sollte mit der Bank eingehend über die Alternativen – Veräußerung oder Verpfändung – gesprochen werden. Insbesondere sollte dabei vereinbart werden, dass ein verbleibendes Depot nicht weitere Sicherheitenforderungen der Bank nach sich zieht.

Der Veräußerung eines Depots steht die (vorzeitige) Kündigung eines Bausparvertrages, eines Sparguthabens, eines Festgeldes oder einer Lebensversicherung gleich. Aber wie bei einem Depot gilt es die Nachteile abzuwägen. Beim Depot sind dies im Wesentlichen der Verzicht auf erwartete Kursgewinne und der Verzicht auf die „private Reserve für schlechte Zeiten". Letzteres gilt natürlich auch für die anderen Anlageformen.

Bei Lebensversicherungen kommen ferner die Steuerschädlichkeit und die dann fehlende Risikoabsicherung als Nachteile hinzu. Im Übrigen ist allgemein bekannt, dass die bei einer vorzeitigen Kündigung fälligen Rückkaufwerte niedriger sind als die geleisteten Einzahlungen einschließlich einer ausreichenden Verzinsung, selbst wenn erst nach Ablauf der 12 Jahre (Steuerschädlichkeitsgrenze) gekündigt wird.

Insofern gilt es besonders bei Lebensversicherungen und Immobilien über die Beleihung nachzudenken. Die folgenden Überlegungen haben auch für Bausparverträge oder ein Depot, das nicht veräußert werden soll, Gültigkeit.

Statt diese Vermögenswerte als Sicherheit der Bank zu geben, sollte mit ihr über eine private Kreditaufnahme gegen diese Sicherheiten gesprochen werden. Der Kreditbetrag wird dann als Haftkapital oder als Gesellschafterdarlehn (gegebenenfalls mit Darlehnsbelassungserklärung mit Rangrücktritt – siehe Kapitel 6.1.3) in das Unternehmen eingebracht.

Diese Verfahrensweise hat sofort Konsequenzen. Sowohl die Liquidität des Unternehmens als auch die Eigenkapitalquote (deswegen Darlehnsbelassungserklärung!) verbessern sich im Rating. Dagegen hat aufgrund der Handhabung der Banken die Unterlegung von Firmenkrediten mit diesen Sicherheiten überhaupt keine Auswirkung, sondern dient einzig den Banken als Risikoreduzierung.

Ob diese Vermögenswerte für einen privaten Kredit oder für die Firmenkredite als Sicherheit gegeben werden, macht keinen Unterschied in der Sicherheitenbewertung. In beiden Fällen sind die Bewertungsabschläge die gleichen. Deswegen sollte die Beleihung als Alternative zur Besicherung gründlich überdacht werden. Hierzu ist allerdings auch der Steuerberater einzubeziehen, um Fragen der steuerlichen Behandlung des privaten Krediteszu klären. Für Lebensversicherungen muss ferner festgestellt werden, ob die Steuerfreiheit der Zinserträge erhalten bleibt.

Ein Nachteil dieser Alternative ist sicherlich die damit erforderliche Ratenbelastung im privaten Bereich. Bei der Beleihung einer Immobilie wird die Bank auch eine Tilgung vereinbaren. Bei Lebensversicherungen und Bausparverträgen kann die Rückzahlung auch durch die Auszahlung bei Fälligkeit vereinbart werden, sodass dann nur Zinsen zu zahlen sind. Aber wenn die Belastungen aus diesem Kredit zu höheren Entnahmen im Unternehmen führen, muss darüber nachgedacht werden, ob dies die richtige Lösung ist.

Neben der Bedeutung für das Rating ist aber noch ein anderer Effekt zu bedenken. Wird beispielsweise eine private Grundschuld als Sicherheit für Firmenkredite gegeben, wird es zu einem späteren Zeitpunkt schwierig sein, die Bank zu bewegen, hierauf zu verzichten. Wird hingegen ein privates Darlehn mit dieser Grundschuld als Sicherheit aufgenommen, erledigt sich die Diskussion über die Freigabe durch die vollständige Rückführung des Darlehns.

6.3.1 Exkurs: Lebensversicherungen als Tilgungsersatz

Oftmals werden von den Banken Kredite angeboten, bei denen die Tilgung nicht regelmäßig während der Laufzeit erfolgt, sondern zum Ende der Kreditlaufzeit in einer Summe aus einer Lebensversicherung erfolgt. Seitens der Bank liegt die Begründung zumeist darin, dass die niedrige Kreditmarge durch Abschluss eines Lebensversicherungsvertrages und die damit verbundenen zusätzlichen Erträgen erhöht wird.

Für den Kreditnehmer liegen die Vorteile in gleichbleibenden Zinsen, die damit während der gesamten Kreditlaufzeit in voller Höhe steuermindernd geltend gemacht werden können. Früher waren die steuerfreien Erträge in Lebensversicherungen ein weiterer Vorteil, der durch die vor einigen Jahren geänderte steuerliche Behandlung jedoch entfallen ist. Als weiterer Nutzen ist die gegebene Risikoabsicherung für den Todesfall zu sehen, die insbesondere die Erben davor schützt, den zugehörigen Kredit zurückzahlen zu müssen.

Die Folgen dieser Verfahrensweise für das Rating möchte ich an einem Beispiel erläutern, wobei die steuerlichen Konsequenzen nicht betrachtet werden. Ohnehin sind bei solchen Entscheidungen Steuerberater zur optimalen Gestaltung hinzuziehen.

Ein mittelständisches Unternehmen besteht aus einer Betriebsgesellschaft und einer Besitzgesellschaft. Es beabsichtigt eine Immobilieninvestition, die überwiegend aus Fremdmitteln finanziert werden soll. Die Bank schlägt hierzu einen so genannten endfälligen Kredit vor, d. h. der Kredit wird nicht regelmäßig, sondern aus einer neuen, ebenso lang laufenden Lebensversicherung zum Ende der Kreditlaufzeit getilgt.

Kreditnehmer ist die Besitzgesellschaft, die Eigentümerin der neuen oder erweiterten Immobilie wird. Versicherungsnehmer wird der Firmeninhaber als Privatmann, wobei es für diese Betrachtung gleichgültig ist, ob er (Risikoabsicherung der Familie) oder ein jüngeres Familienmitglied (Reduzierung der Beitragsprämien) als versicherte Person auftritt.

Die Beteiligten haben künftig folgende Zahlungen zu leisten: Die Betriebsgesellschaft wird für die größeren Räumlichkeiten eine höhere Miete an die Besitzgesellschaft zahlen, wobei für das Rating unterstellt wird, dass die Investition tatsächlich zu der gewünschten Ertragssteigerung führt. Damit wird das Rating der Betriebsgesellschaft künftig gleich bleiben oder sich gar verbessern.

Die Besitzgesellschaft erhält eine höhere Miete, die für die Zinszahlungen des aufgenommenen Krediteses sowie die Abschreibungen der Immobilie vollständig verwandt wird. Damit sind die höheren Einnahmen und Aufwendungen gewinnneutral. Allerdings erfolgen zusätzlich zu den bisherigen nun auch Entnahmen des Firmeninhabers für die Lebensversicherungsprämien.

Dies hat zur Folge, dass das Eigenkapital der Besitzgesellschaft während der Kreditlaufzeit um die abgeschlossene Lebensversicherungssumme – meistens ebenso hoch wie der aufgenommene Kredit – reduziert wird. Das Rating der Besitzgesellschaft wird sich im Zeitablauf zunehmend durch die Eigenkapitalentwicklung verschlechtern.

Das Rating des gesamten Unternehmens setzt sich aus dem – hier unterstellten – gleichbleibenden der Betriebs- und dem sich verschlechternden der Besitzgesellschaft zusammen. Man kann unterstellen, dass die Kredite an die Besitzgesellschaft durch die Investitionshöhe größer sind als die an die Betriebsgesellschaft. Dies führt dann dazu, dass sich das gesamte Rating nicht nur verschlechtert, sondern durch die stärkere Gewichtung des Ratings der Besitzgesellschaft überproportional negativ entwickelt.

Kredite für ein solches Investitionsvorhaben werden mit sehr langen Laufzeiten (10 bis 20 Jahren) abgeschlossen. In einem solchen Zeitraum ist anzunehmen, dass sich die wirtschaftliche Situation der Betriebsgesellschaft auch einmal verschlechtert oder dort gar Verluste entstehen. Das würde die bereits geschilderte Entwicklung des Ratings dann weiter verschärfen.

Am Ende der Kreditlaufzeit erfolgt die Rückzahlung des Kredites aus der fälligen Lebensversicherung. Dann verbessert sich das Rating allerdings mit einem Schlage sehr deutlich, da die Auszahlung aus der Lebensversicherung eine Einlage des Firmeninhabers darstellt.

Mit diesen Ausführungen möchte ich keineswegs davon abraten, Kredite gegen die Tilgung aus Lebensversicherungen aufzunehmen. Es gibt gute Gründe, warum im Einzelfall diese Finanzierungsform gewählt werden sollte. Gleichbleibend hohe Zinsen und deren steuerlicher Effekt oder die gewünschte Risikoabsicherung sind zwei Vorteile, die die Folgen im Rating vielleicht aufwiegen.

Zu Anfang diese Beispiels habe ich bereits auf den Steuerberater hingewiesen, mit dem die steuerlich optimale Gestaltung einer solchen Investition zu besprechen ist. So wichtig dies ist, so wichtig wird es aber auch, die möglichen Nachteile dieser Finanzierungsform im Rating zu bedenken.

6.4 Gleichbehandlung

Schon immer haben Banken Wert darauf gelegt, dass alle Kreditgeber bei der Besicherung ihrer Kredite gleich behandelt werden. Im Idealfall heißt dies, langfristige Kredite sind durch den jeweiligen Finanzierungszweck (Kauf von Maschinen, Fahrzeugen, Immobilien) abgesichert. Kurzfristige Kredite dagegen sind entweder bei allen Kreditgebern eines Unternehmens unbesichert oder allen dienen die gleichen Sicherheiten.

Letzteres kann nur im Rahmen eines so genannten Sicherheitenpoolvertrages geschehen. In diesem Vertrag werden die Kredite aller beteiligten Institute und deren Sicherheiten aufgeführt. Zwischen den Kreditgebern und dem Unternehmen wird vereinbart, dass die Sicherheiten quotal entsprechend der Kreditanteile den Banken haften.

Derartige Verträge sind nicht nur sehr komplex, sondern bedeuten auch einen hohen Bearbeitungsaufwand bei Sicherheitenprüfungen und Vertragsänderungen, der dem Kreditnehmer im Regelfall in Rechnung gestellt wird. Daher kommen Sicherheitenpoolverträge bei kleineren und mittleren Unternehmen eher selten vor.

Dass alle kurzfristigen Kredite eines Unternehmens unbesichert sind, ist in der Regel auch nicht der Fall. Hieraus ergibt sich aber dann eine Besserstellung einzelner Kreditgeber. Diese Ungleichbehandlung resultiert aus:

- der Historie,
- früher fehlender Begrenzung des Sicherheitenzwecks,
- Erfüllung der Forderung nach Sicherheiten, ohne den Gleichbehandlungsgrundsatz zu beachten.

Gerade bei Existenzgründern nehmen Banken alle erreichbaren Sicherheiten herein. Nach einer erfolgreichen Entwicklung interessieren sich im Laufe der Jahre auch andere Banken für dieses Unternehmen und räumen Kontokorrentkredite ein, die jedoch aufgrund der erfolgreichen Unternehmensentwicklung nicht abgesichert sind.

Kommt es – manchmal Jahre danach – zu wirtschaftlichen Problemen bei diesem Unternehmen, wird diese **historisch** gewachsene Ungleichbehandlung zum Diskussionspunkt mit den Banken werden. Hieraus folgt, dass über den Gleichbehandlungsgrundsatz und letztlich über die derzeit bestehende Besicherung der Hausbank bereits bei Neuaufnahme einer weiteren Bankverbindung nachgedacht werden muss.

Früher dienten Sicherheiten über den vertraglich festgehaltenen **Sicherungszweck** zur Unterlegung aller bestehenden und künftigen Forderungen eines Kreditinstitutes. Dies bedeutete insbesondere, dass Sicherheiten wie Grundschulden oder Sicherungsübereignungen von Maschinen und Fahrzeugen nicht nur für den zu ihrer Finanzierung aufgenommenen Kredit hafteten. Für Banken war über den Sicherungszweck gewährleistet, dass auch Kontokorrentkredite damit abgesichert waren.

In den letzten Jahren hat es Änderungen in der Rechtsprechung – Klarheit in der Zuordnung von Sicherheiten und Krediten – gegeben, die allerdings nicht dazu führen, dass ein so besichertes Institut Kredite aus dem Sicherungszweck ausnimmt. Vielmehr wird es darauf bestehen, dass der alte Zustand erhalten bleibt und – wenn die Rechtsprechung es so vorsieht – neue Sicherheitenverträge mit umfassendem Sicherungszweck verlangen.

Eine nicht gegebene Gleichbehandlung ist im Rating bzw. in der abschließenden Kreditentscheidung unter Berücksichtigung der Sicherheitenposition von Bedeutung. Unterstellt man, dass zwei Banken exakt das gleiche Ratingverfahren nutzen und in gleicher Weise anwenden, dann werden beide den Kundenrisikograd für denselben Kreditnehmer exakt gleich einschätzen. Hält aber eine Bank im Unterschied zur anderen Sicherheiten, so ist ihr Risiko unabhängig von der Bonität des Kunden niedriger. Dies führt bei dieser Bank zu einer Verbesserung des Engagementrisikos.

In wirtschaftlich guten Zeiten besteht möglicherweise für ein Unternehmen der Verhandlungsspielraum, neue, den Gleichbehandlungsgrundsatz beachtende, Vereinbarungen zu erreichen. In wirtschaftlich schwierigeren Zeiten wird das nicht möglich sein, und es kommt häufig zu dem dritten Grund für Ungleichbehandlungen.

Selbst wenn alle Banken eines Unternehmens kurzfristige Kredite auf unbesicherter Basis zur Verfügung gestellt haben, kann die wirtschaftliche Entwicklung eines Unternehmens dazu führen, dass ein Institut eine Absicherung an noch unbelasteten Werten (z. B. Warenlager und oder Forderungsbeständen) verlangt.

Geht der Unternehmer auf die **Forderung nach Sicherheiten** aus Sorge ein, sonst Kreditlinien ganz oder teilweise zu verlieren, so hat er gegenüber anderen Banken eine Ungleichbehandlung geschaffen, die dann möglicherweise zu weiteren Konsequenzen führt.

Eine vergleichsweise harmlose Konsequenz wäre, wenn auch anderen Banken Sicherheiten gestellt werden müssen und diese auch vorhanden sind. Stehen jedoch keine Sicherheiten mehr zur Verfügung, besteht die Gefahr, dass nun die unbesicherten Kredite anderer Banken teilweise oder ganz zurückzuführen sind. An diesem, vielleicht sehr extrem formulierten Beispiel werden die Konsequenzen der Ungleichbehandlung sicherlich deutlich.

Leider gibt es keine allgemeine Empfehlung, wie ein Unternehmer sich in einer solchen Situation verhalten soll. Hier sind die individuellen Umstände zu berücksichtigen und gemeinsam mit dem Steuerberater, Mitarbeitern aus dem Unternehmen oder gegebenenfalls externen Beratern Strategien für die Bankengespräche zu entwickeln. Sinnvoll kann aber auch sein, das Gespräch über die Besicherung mit allen beteiligten Banken gemeinsam zu führen.

6.5 Einfluss der Sicherheiten auf das Rating

entbehrlich	keine Veränderung des Risikogrades
erforderlich, aber nicht zu erhalten	Verschlechterung um einen Grad
vollständige, liquide Unterlegung	Aufwertung auf „AAA"
vollständige, werthaltige Unterlegung	Aufwertung bis auf „A"
mind. 50-prozentige werthaltige Unterlegung	Aufwertung um einen Grad, nicht höher als „BB"
individuelle Risiken	Abwertung nach eigener Einschätzung
vollständige, werthaltige Bürgschaften	Aufwertung auf Engagementrisikograd des Bürgen

Abbildung 12: Ratingschema – Sicherheiten

Banken lassen in ihren aktuellen Ratingverfahren die Besicherung ihrer Kreditengagements teilweise außen vor. Dies ist insofern richtig, als die Besicherung nicht zu einer Verbesserung der Kundenbonität führt. Andererseits ist aber die Besicherung ausschlaggebend dafür, ob und in welcher Höhe eine Bank einen Ausfall erleiden kann.

Denn nicht aus der Wahrscheinlichkeit, dass ein Kreditnehmer insolvent wird, sondern aus der wahrscheinlichen Differenz zwischen Inanspruchnahme am Tage der Insolvenz und Wert der dann vorhandenen Sicherheiten errechnet sich das tatsächliche Risiko.

Um den Einfluss der Sicherheiten auf ein Kreditengagement, aber mehr noch um die dazugehörige Betrachtungsweise von Banken zu erläutern, habe ich in das Ratingformular die Veränderung des Kundenrisikogrades durch die Besicherung integriert, mit deren Hilfe ein Engagementrisikograd ermittelt wird. Dies folgt der Handhabung in Großbanken, stimmt aber mit den abschließenden Überlegungen anderer Banken, die Sicherheiten nicht formal im Rating berücksichtigen, überein.

– Sicherheitenunterlegung entbehrlich

Sicherheiten sind für eine Bank nur dann entbehrlich, wenn die Bonität des Kunden und insbesondere seine weiteren wirtschaftlichen Aussichten dies vertretbar erscheinen lassen. Bei Kundenrisikograden von „AAA" bis „A" ist dies der Fall.

In der Ermittlung des Kundenrisikogrades ist aber die Bonität bereits bewertet worden. Eine entbehrliche Sicherheitenunterlegung kann daher nicht zu einer Art Sonderbonus und damit zu einer Verbesserung des Ratings führen. Entsprechend ist der Einfluss auf die Kreditentscheidung und das Rating neutral.

– Sicherheitenunterlegung erforderlich, aber nicht zu erhalten

Anders ist die Betrachtung, wenn Sicherheiten erforderlich sind. Das ist der Fall, wenn die Bonität des Kunden oder die weiteren wirtschaftlichen Aussichten dies notwendig erscheinen lassen. Diese Beschreibung trifft auf die Risikograde ab „CCC" und schlechter zu. Aber auch bei den besseren Risikograden kann eine Bank eine Unterlegung für erforderlich halten, wenn beispielsweise die übrigen Kreditgeber besser gestellt sind, der Gleichbehandlungsgrundsatz also nicht eingehalten ist.

Sicherheiten nicht bekommen zu können, kann darauf zurückzuführen sein, dass der Kunde sich weigert (eine solche Haltung wird wohl nur bei besseren Kundenbonitäten zu finden sein) oder dass sämtliche Möglichkeiten für die Bestellung von Sicherheiten bereits ausgeschöpft sind. Letzteres ist beispielsweise der Fall, wenn zwar noch Grundschulden auf einer Immobilie im Beleihungsauslauf zwischen 60 % und 100 % eingetragen werden könnten. Dies wird eine Bank dann auch wohl verlangen, selbst wenn sie diese nicht mehr bewerten kann.

Im Vergleich zweier Kreditnehmer einer Bank wird deutlich, warum diese Bewertung der Sicherheitenposition zu einer Abwertung führen muss. Für beide sei der Risikograd „B" ermittelt worden. Die Kredite des einen sind mindestens zu 50 % mit Sicherheiten unterlegt. Für den anderen gilt die Beschreibung „erforderlich, aber nicht zu erhalten", weil die Gleichbehandlung nicht gegeben ist.

Das Risiko der Bank ist aufgrund der Bonität beider gleich groß. Unter Berücksichtigung des Sicherheitenaspektes ist es aber bei dem einen größer als bei dem anderen, was seinen Niederschlag in der Abwertung um einen Risikograd findet.

– Vollständige, liquide Sicherheitenunterlegung

Unter einer liquiden Besicherung sind Werte zu verstehen, die ohne großen Aufwand und vor allem sehr kurzfristig von einer Bank im Verwertungsfall realisiert werden könnten. Neben der Verpfändung von Kontoguthaben und Wertpapierdepots trifft dies vor allem auch auf die Abtretung von Lebensversicherungsansprüchen und Bausparguthaben zu.

Daneben dürfen keine anderen, nicht liquiden Sicherheiten wie z. B. Grundschulden, vorhanden sein. Denn für diese Einschätzung müssen beide Bedingungen gleichzeitig erfüllt werden: vollständig *und* liquide.

Die Vollständigkeit muss unter Berücksichtigung der banküblichen Sicherheitenbewertung gegeben sein. Das bedeutet nach Abschlägen wegen Kursrisiken in einem Depot oder wegen entstehender Steuerschädlichkeit bei vorzeitigem Rückkauf von Lebensversicherungen muss der Wert dieser Sicherheiten mindestens die Höhe des Kreditengagements erreichen.

Dabei bemisst sich das Kreditengagement bei Kontokorrentkrediten nicht an einer Stichtagsinanspruchnahme, sondern an der Höhe der vereinbarten Kreditlinie, die während ihrer Laufzeit jederzeit in voller Höhe ausgenutzt werden kann.

Liegt eine solche vollständige und liquide Sicherheitenunterlegung vor, so ist die Bonität des Kreditnehmers für die Risikobetrachtung der Bank unerheblich. Sie kann im Falle einer Insolvenz oder notwendigen Kreditkündigung durch Verwertung dieser Sicherheiten ihre gesamten Forderungen decken.

Dementsprechend trägt die Bank hier überhaupt kein Risiko und könnte den Engagementrisikograd auf den besten Wert „AAA" anheben. Ob sie allerdings auch die besten Konditionen anbietet, ist wegen der Kundenbonität zu bezweifeln.

– Vollständige, werthaltige Sicherheitenunterlegung

Im Unterschied zur vollständigen, liquiden Besicherung kommen hier alle Sicherheiten in Betracht. Entscheidend ist, ob der Wert der Sicherheiten nach den banküblichen Bewertungsabschlägen das bestehende Kreditengagement (inkl. nicht ausgeschöpfter Kreditlinien) vollständig abdeckt.

Aber was heißt vollständig? Bei einer Relation von 90 % wird man die Vollständigkeit als nicht gegeben betrachten dürfen. Wie ist aber die Betrachtung bei 96 % oder 99 %? Hier wird sicherlich auch die Bonität des Kunden eine Rolle spielen, ob der Kreditentscheider das oft zitierte Auge zudrücken darf oder nicht.

Vergleichen wir noch einmal die beiden schon genannten Kreditnehmer mit einem Kundenrisikograd von „B". Für den einen war eine mindestens 50-prozentige, für den anderen wird jetzt eine vollständige, werthaltige Sicherheitenunterlegung unterstellt. Bei gleicher Bonität ergibt sich auch hier ein unterschiedliches Risiko für die Bank. Da derjenige mit der vollständigen Besicherung ein deutlich geringeres Risiko darstellt, ist eine Aufwertung gerechtfertigt.

Die Beschränkung auf eine maximale Aufwertung auf „A" ist erforderlich, da in einer Sicherheitenverwertung immer gewisse Risiken liegen. Diese können zeitlicher Natur sein (Dauer von Zwangsversteigerungsverfahren), aber auch aus einer falschen Bewertungseinschätzung resultieren, obgleich alle bankinternen Regeln beachtet wurden. Gegenüber der unproblematischen Verwertung liquider Sicherheiten müssen aber diese Risiken anderer Sicherheiten im Rating erkennbar werden.

– Mindestens 50-prozentige werthaltige Sicherheitenunterlegung

Sicherlich könnte man weitere Grenzen wie eine 75-prozentige oder 25-prozentige Unterlegung von Krediten durch Sicherheiten einarbeiten. Die Unterschiede im Engagementrisikofaktor sind aber letztlich nur gering, weswegen bei teilweiser Besicherung nur der Unterschied, ob zumindest die Hälfte des Kreditengagements gedeckt ist, gerechtfertigt erscheint. Auch hier gilt die gleiche Überlegung wie oben, wenn eine Unterlegung von 46 % oder 49 % gegeben ist.

Und am Beispiel der beiden Kreditnehmer mit einem gleichen Risikograd von „B" wird wieder deutlich, warum eine Aufwertung erfolgen darf. Bei einem war eine mindestens 50-prozentige werthaltige Besicherung gegeben, bei dem anderen sind keine Sicherheiten vorhanden. Im Vergleich mit diesem darf der Engagementrisikograd um eine Stufe erhöht werden. Da eine solche Besicherung die Risiken nicht voll, sondern nur zu 50 % abdeckt, darf aber auch nicht mehr als eine Stufe und auch nicht über „BB" hinaus aufgewertet werden.

– Individuelle Risiken

Um dem Aspekt, dass bei einzelnen Unternehmen besondere Risiken vorliegen können, Rechnung zu tragen, besteht hier die Möglichkeit, durch die Kreditsachbearbeitung eine eigene Einschätzung des Engagementrisikograd vorzunehmen. Damit erfolgt unter Umständen zwar eine doppelte Bewertung dieser Risiken, die ja schon im wirtschaftlichen Umfeld betrachtet wurden. Aber wenn die übrigen Beurteilungen der Kundenbonität sehr positiv zu bewerten sind, kann eine den Umständen entsprechende, notwendige Würdigung erheblicher Risiken überdeckt werden.

– Vollständige, werthaltige Bürgschaften

Der Hinweis, Aufwertung auf den Engagementrisikograd des Bürgen, macht bereits deutlich, dass diese Bewertung in der Regel nur für bürgende Unternehmen (Konzerne für ihre Tochtergesellschaften) vorgenommen werden kann, die dem gleichen Rating unterzogen wurden. Der Bürgschaftsbetrag muss allerdings das gesamte Kreditengagement abdecken.

Hier ist allenfalls eine Aufwertung vorgesehen. Denn selbst, wenn der Risikograd des Bürgen schlechter als der des Kreditnehmers ist, erhöht sich allein dadurch ja nicht das Risiko dieses Kreditengagements. Eine Abwertung ist daher nicht vorgesehen.

An dieser Stelle sei aber auch auf eine alternative Überlegung, die in einigen Banken berücksichtigt wird, hingewiesen. Wenn das Rating einer bürgenden Konzernmutter schlechter als das des zu beurteilenden Kreditnehmers ist, könnte die Gefahr bestehen, dass die Muttergesellschaft Gewinne und/oder Liquidität ihrer Tochter entzieht (der Vorgang wird auch als Aushöhlen eines Unternehmens bezeichnet), um ihr eigenes finanzielles Überleben zu sichern.

Aus diesem Grund kann dann auch auf das schlechtere Rating der bürgenden Gesellschaft abgewertet werden. Eine solche Abwertung würde in dem von mir benutzten Schema ihre Berücksichtigung unter den bereits erwähnten individuellen Risiken finden.

Sollte die Berücksichtigung einer Bürgschaft durch Privatpersonen in absoluten Ausnahmefällen zu einer Aufwertung des Ratings führen, muss die Werthaltigkeit sich entweder aus den wirtschaftlichen Verhältnissen des Bürgen zwingend ergeben oder durch eine Besicherung der Bürgschaft gegeben sein. In der Regel ist es jedoch eine geschäftspolitische Entscheidung der Banken, dass diese Bürgschaften im Ratingverfahren nicht zu einer Verbesserung führen.

– Schlussbetrachtung

Einige Banken berücksichtigen die Sicherheiten in ihrem Ratingurteil nicht, sondern erstellen nur ein meist so bezeichnetes Bonitätsrating. Bei der Ermittlung der Wahrscheinlichkeit, in welcher Höhe bei einem Kreditnehmer ein Ausfall zu erwarten ist, haben die Sicherheiten eine erhebliche Bedeutung. Bei diesen Banken fließt die Sicherheitenbewertung zwar nicht formal in das Bonitätsrating ein, aber zum Schluss des Analyseprozesses doch in die Kreditentscheidung.

Die Notwendigkeit, den Sicherheitenwert zu berücksichtigen, wird an dem Beispiel eines Unternehmens mit dem schlechtest möglichen Ratingurteil deutlich. Die Einklassifizierung in diese Klasse bedeutet für die Bank allerhöchstes Risiko, d. h. ein Kredit ist aufgrund des Bonitätsratings unter keinen Umständen mehr vertretbar.

Wurden jedoch privat Sicherheiten gestellt, die die Kredite dieses Unternehmens vollständig und sogar liquide (Festgelder oder Depotwerte) abdecken, trägt die Bank nach Berücksichtigung der Sicherheiten überhaupt kein Risiko.

Auch wenn Banken die Bewertung der Sicherheiten nicht direkt in das Rating einfließen lassen, werden sie genau diese Risikobetrachtung bei allen Kreditnehmern vornehmen. Damit verfahren sie allerdings ebenso wie es hier innerhalb des Ratingverfahren dargestellt wurde. Derjenige von zwei Kreditnehmern mit exakt gleichem Bonitätsrating, der werthaltigere Sicherheiten gestellt hat, wird im Krediturteil und vor allem in der Konditionsgestaltung immer besser behandelt werden.

Da Sicherheiten einen erheblichen Einfluss auf Krediturteile haben, entweder über das Rating oder durch die abschließende Kreditentscheidung, sollte mit der Bank der Wert der Sicherheiten besprochen werden. Die dabei genannten Beträge werden vermutlich niedriger sein als vom Unternehmer erwartet.

Eine Diskussion über die Höhe der Bewertung wird allerdings nicht fruchten, da innerhalb einer Bank einheitliche Regeln vorhanden sind und sie dem Vorsichtsprinzip, das in höheren Bewertungsabschlägen erkennbar wird, zur Beurteilung ihrer Risiken die höchste Priorität einräumt.

Folgende Fragen sollten mit der Bank geklärt werden:

- Welchen Sicherheitenwert misst die Bank den einzelnen Sicherheiten zu?
- Welche Sicherheiten sind welchen Krediten zugeordnet?
- Ist die Zuordnung der Sicherheiten zu den Krediten richtig, oder sind Änderungen erforderlich?
- Ist der Sicherungszweck einzelner Sicherheiten eingeschränkt und deckt daher andere Kredite nicht mit ab? Wenn ja, ist das so gewünscht, oder muss der Sicherungszweck korrigiert werden?

Mit der zweiten Frage wird auch ein immer wieder vorkommendes Problem gelöst: das Vergessen von Sicherheiten! „Ach, ich wusste gar nicht, dass Sie noch eine Bürgschaft meiner Frau haben!", die bei Existenzgründung vor mehr als zehn Jahre unterschrieben worden war.

Leider sind das keine Einzelfälle. Und eigentlich gehört es auch regelmäßig zu dem jährlichen Bilanzgespräch, dass seitens der Bank über die Kreditlinien, die bestehenden langfristigen und sonstigen Kredite wie auch über die vorhandenen Sicherheiten gesprochen wird.

Unternehmer sprechen oftmals das Thema Sicherheiten nicht an, weil sie Angst haben, damit die Begehrlichkeiten von Banken zu wecken. Diese Angst ist sicherlich nicht ganz unbegründet. Aber ich hoffe, dass die Ausführungen in diesem Kapitel die dringende Notwendigkeit, den Wert der Sicherheiten richtig einzuschätzen, deutlich gemacht haben.

7 Reaktion auf das Rating

Ein aktiver Umgang mit Ratingverfahren eröffnet mittelständischen Unternehmen eine Reihe von Optionen, Einfluss auf das Rating zu nehmen. Basel II wird zwar erst 2006 oder später kommen, die Ratingverfahren der Banken existieren aber bereits seit geraumer Zeit.

Und auch wenn es kaum bekannt ist: Für fast jedes mittelständische Unternehmen gibt es bereits ein bankinternes Rating. Insofern bedarf es nicht einer Vorbereitung auf kommende, sondern einer **Reaktion auf die bestehenden Ratings**. Hierzu empfiehlt sich folgende Vorgehensweise:

- Gespräch mit dem oder den Kreditgeber(n), über die Anforderungen und Gewichtungen im Ratingverfahren sowie über das Rating des eigenen Unternehmens.
- Gespräch mit dem Steuerberater, einer anderen Vertrauensperson oder externen Beratern zur Erstellung eines Maßnahmenkataloges.
- Konsequente Umsetzung der Maßnahmen mit dem Ziel, die Ertragskraft des Unternehmens zu steigern, festigen oder wiederherzustellen.

Der letzte Punkt zeigt, dass es nicht in erster Linie gilt, für das Rating der Banken aktiv zu werden, sondern vielmehr deren Anforderungen als Ausgangspunkt einer Stärken-Schwächen-Analyse für den eigenen Erfolg zu sehen.

7.1 Das Gespräch mit der Bank

Vereinbaren Sie mit Ihrer Bank ein Gespräch, in dem ausschließlich über das Ratingverfahren allgemein und das derzeit für Ihr Unternehmen existierende Rating gesprochen wird. Der Zeitbedarf muss sicherlich mit ein bis anderthalb Stunden angesetzt werden.

Dieses Gespräch sollten Sie nicht alleine, sondern vielmehr gemeinsam mit einem Berater (im Folgenden zusammenfassend verwendet für Steuerberater, eine Vertrauensperson aus dem Unternehmen oder einen externen Berater) führen. Die Vorteile überwiegen dabei den damit verbundenen, nicht unerheblichen Aufwand:

- Vier Ohren hören mehr als zwei.
- Einer der Beteiligten fertigt ein Gesprächsprotokoll an.
- Verständnisfragen, insbesondere zum so genannten Bankchinesisch, können leichter, gegebenenfalls auch nach dem Gespräch, geklärt werden.
- Eine weitere Person wird zu mehr Sachlichkeit im Gesprächsablauf beitragen, vor allem wenn über Schwächen oder Mängel gesprochen wird.

- Der Berater soll den weiteren Prozess – die Erstellung und die Umsetzung eines Maßnahmenkataloges – begleiten.

Aus Sicht der Bank bedeutet dies einen hohen Zeitaufwand, und es ist nicht auszuschließen, dass sie sich dieses Gespräch bezahlen lassen will. Ohnehin scheint die Tendenz zu entstehen, dass Banken eine Art „Rating-Beratungsfunktion" gegen Honorierung für ihre Kunden beabsichtigen.

Zwei Gründe, sich dagegen zu wehren, sind, dass das Gespräch zum einen die Risiken der Bank vermindern soll und zum anderen Stärken und Schwächen im Rating selbstverständlich Thema des jährlich stattfindenden Bilanzgespräches sein sollten.

In dem Gespräch klären Sie die folgenden Punkte und Fragen, die als roter Faden für den Ablauf gedacht sind. Wichtig ist dabei, sich im ersten Schritt das Ratingverfahren der Bank allgemein und nicht anhand des eigenen Ratings erläutern zu lassen. Anderenfalls besteht die Gefahr, dass die Beurteilung des eigenen Unternehmens von den grundsätzlichen Erläuterungen ablenkt.

1. Lassen Sie sich das Ratingverfahren der Bank erläutern!
   - In welche Beurteilungsgruppen wird unterteilt, und wie sind sie untereinander gewichtet?
   - Welche Systematik der Ratingbenotung wird verwendet, und in welchen Klassen sieht die Bank besondere Risiken bzw. die besten Beurteilungen?
   - Welche Kriterien werden im Einzelnen beurteilt und wie? Sind Hinweise zu Klassifizierungen zu erhalten?
   - Gibt es einen Fragenkatalog, den Ihr Kundenbetreuer für Ihr Unternehmen beantworten muss? Diesen sollten Sie sich ausgefüllt aushändigen lassen.

2. Welches Ergebnis hat das derzeitige Rating Ihres Unternehmens?
   - Erbitten Sie eine Kopie des Ratings für Ihr Unternehmen.
   - Welche Stärken erkennt die Bank in Ihrem Unternehmen, und welche Möglichkeiten zu ihrer Steigerung erscheinen ihr möglich?
   - Welche Schwächen belasten die Ratingbeurteilung, und welche Maßnahmen hält sie zur Behebung für erforderlich?
   - Stimmen beide Einschätzungen mit Ihren eigenen überein oder sind Erläuterungen erforderlich, warum Ihre Sichtweise die richtigere ist?
   - Sind Missverständnisse erkennbar, und können sie ausgeräumt werden?
   - Hat die Bank aus dem Ratingergebnis Konsequenzen für die Beziehung zu Ihnen gezogen (Konditionen, Sicherheitenerfordernisse, Kreditbeschränkungen)?

– Erstellen Sie gemeinsam einen Maßnahmenkatalog aus Sicht der Bank, in dem auch festgehalten werden sollte, wann und in welchem Umfang eine Ratingverbesserung eintritt.

Da dies Auswirkungen auf das Verhältnis zur Bank hat, sollten gravierende Maßnahmen und deren quantifizierter Umsetzungserfolg gegebenenfalls schriftlich dokumentiert werden (z. B. Konditionssenkung, wenn die nächste Bilanz eine Verbesserung der Eigenkapitalquote auf x % nachweist).

3. Besprechung der Sicherheitenposition
   – Wie werden die von Ihrem Unternehmen gestellten Sicherheiten bewertet?
   – Welchen Einfluss haben die Sicherheiten auf das Rating, auf Ihre Kreditbeziehung und auf die aktuelle Konditionsgestaltung?
   – Gibt es Mängel in den Sicherheitenverträgen, die im beiderseitigen Interesse behoben werden müssen ?
   – Stellen Sie Kreditlinien und Sicherheiten bei anderen Banken dar!

Dieser Gesprächsleitfaden findet sich als Fotokopievorlage auch im Anhang.

7.2 Die Aufgabe Ihres Beraters

Im Anschluss an das Bankengespräch sollte ein Protokoll angefertigt werden, um die besprochenen Themen für künftige Rating- und Bankgespräche sowie die vereinbarten Maßnahmen zu dokumentieren. Dem Berater kommen dabei zwei Funktionen zu, die Sie konsequent unterstützen sollten:

– Er ist Ihr Gesprächspartner für die Besprechung und gemeinsame Erarbeitung eines Maßnahmenkataloges aus Unternehmenssicht.

– Mit ihm sollten Sie in fest vereinbarten Zeitabständen den Fortschritt in der Umsetzung bzw. die dabei entstandenen Probleme besprechen.

Die Unterscheidung der Bank- von der Unternehmenssicht ist deshalb von Bedeutung, da Ihr eigener Maßnahmenkatalog detaillierter sein wird und – ohne die Bankinteressen zu missachten – vermutlich andere, in Ihrem Interesse liegende Prioritäten setzen muss.

Die Maßnahmen, die erforderlich sind, um Stärken auszubauen und Schwächen zu reduzieren, können hier nicht allgemein angesprochen werden. Fast immer wird jedoch die Eigenkapitalquote das Rating belasten. Im folgenden Kapitel sind hierzu einige Vorschläge aufgeführt, um – im positiven Sinne – gestaltend darauf Einfluss zu nehmen.

In den meisten Fällen werden Banken auch fehlende Planungen bemängeln und, um die Rückzahlungsfähigkeit von Kreditnehmern einschätzen zu können, deren Vorlage für die Zukunft verlangen. Aber selbst wenn dies nicht seitens der Banken zur Auflage gemacht wird, sollte dennoch mindestens eine Ertragsplanung erstellt und für einen Soll-Ist-Vergleich genutzt werden. Nach Vorlage der Monats- oder spätestens der Quartalszahlen sollte er Basis eines Gespräches mit dem Berater sein.

Während in großen Unternehmen mit Hilfe von Stabsabteilungen sowie in wöchentlichen oder monatlichen Sitzungen die aktuelle Geschäftsentwicklung analysiert wird, fehlt bei kleinen und mittleren Unternehmen meist die kritische Analyse einer Standortbestimmung und der künftigen Weiterentwicklung des Unternehmens. Die zur Besprechung des Soll-Ist-Vergleichs festgelegten Termine mit dem Berater bilden dafür einen Ersatz und sind bei effizienter und konsequenter Durchführung von hohem Nutzen.

Der Berater hat dabei nicht nur die Aufgabe, die Gespräche mit Ihnen konstruktiv zu begleiten, sondern insbesondere dafür zu sorgen, dass Sie die Gesprächstermine konsequent einhalten.

7.3 Einflussmöglichkeiten auf die Eigenkapitalquote

Neben der aktuellen und zukünftigen Ertragslage ist eines der wichtigsten Beurteilungskriterien in Ratingverfahren die Höhe des im Unternehmen eingesetzten Eigenkapitals in Relation zur Bilanzsumme. Wie durch eine Darlehnsbelassungserklärung Einfluss auf das Rating genommen werden kann, wurde bereits erläutert. Daneben gibt es aber noch weitere Methoden, auf die beiden Faktoren der Eigenkapitalquote, die Höhe des Eigenkapitals und die Bilanzsumme, einzuwirken.

Neben der Erhöhung des haftenden **Eigenkapitals** aus Gewinn oder Einlagen der Gesellschafter sollen einige andere Formen als Anregung erwähnt werden:

- Mitarbeiterbeteiligungsmodelle, die allerdings eine bestimmte Größenordnung des Unternehmens voraussetzen. Neben der Kapitalverstärkung sind solche Modelle auch Mittel der Lohn-/Gehaltszahlung und der Bindung von Mitarbeitern an das Unternehmen.

- Bildung von Pensionsrückstellungen, bei denen allerdings zu berücksichtigen ist, dass Banken sie nicht in voller Höhe als Eigenkapitalersatz betrachten (bei Auflösung fallen Steuern an).

- Aufnahme von Venture Capital (Risikokapital bei Investitionen in innovative Produkte oder Entwicklungen).

- Aufnahme einer Beteiligungsgesellschaft in Expansionsphasen.

- Stilles Kapital und Mezzanine-Finanzierungen (dabei handelt es sich um Kapital Dritter, das – je nach vertraglicher Gestaltung – Mitspracherechte zulassen und Eigenkapital- oder Fremdkapitalcharakter haben kann).
- Vermeidung von Darlehn an Gesellschafter, die – bei persönlich haftenden in jedem Fall, bei anderen eventuell – vom Eigenkapital abgezogen werden.
- Vermeidung der Bilanzierung von Firmenwerten, die zwar aus steuerlichen Gründen sinnvoll sind, aber bei der Eigenkapitalberechnung in Banken regelmäßig zum Abzug gebracht werden.

Diese Anregungen sind immer vom Einzelfall abhängig und bedürfen einer eingehenden Beratung durch Rechtsanwälte bzw. Steuerberater.

Die zweite Möglichkeit, auf die Eigenkapitalquote einzuwirken, besteht in der Reduzierung bzw. im Vermeiden eines Anstiegs der **Bilanzsumme**. Das folgende Zahlenbeispiel soll dies verdeutlichen:

Die Bilanzsumme soll 1 Mio. € und das Eigenkapital 100 T€ betragen. Damit errechnet sich eine Eigenkapitalquote von 10 %. Könnte die Bilanzsumme durch Lagerabbau um 10 % gesenkt werden, würde sie sich auf 11,1 % erhöhen, da unverändert 100 T€ Eigenkapital zur Verfügung stehen. Diese werden nun aber auf die verminderte Bilanzsumme von 900 T€ bezogen.

Gewiss, dies scheint nicht besonders gravierend zu sein. Dennoch kann diese Differenz möglicherweise die Schwelle zu einer etwas besseren Beurteilung überschreiten. Eine drastischere, vermutlich jedoch nicht so leicht zu erreichende Verminderung um 20 % würde im Übrigen die Quote von 10 % auf 12,5 % (= 100/800 T€) erhöhen. Diese Art, die Eigenkapitalquote um ein Viertel zu erhöhen, sollte interessant genug sein, um über ein aktives Liquiditäts- und Finanzmanagement nachzudenken.

Eine Verminderung der Bilanzsumme um 20 % ist möglicherweise allein durch eine Verlegung des Bilanzstichtages doch erreichbar. Gerade Unternehmen mit einem ausgeprägten Saisongeschäft sollten prüfen, ob an einem bestimmten Monatsende die Summe aus Lager- und Forderungsbeständen besonders niedrig ist, und zu diesem Termin bilanzieren.

Banken mögen es allerdings nicht, wenn dies nur dazu dient, die Bilanz zu manipulieren. Also sollten gute sachliche Gründe für die Änderung des Stichtages sprechen, z. B.:

- Aufgrund niedriger Bestände verursacht die Inventur geringere Kosten.
- Bei einem zeitgleichen Betriebsurlaub wird der Produktionsablauf durch die Inventur nicht gestört.
- Wenn das Jahresendgeschäft immer besonders turbulent ist, ist eine Inventur, auch mit Blick auf die erforderliche Sorgfalt, in ruhigeren Zeiten sinnvoll.

Ein weiteres Problem kann mit der Verlagerung des Bilanzstichtages möglicherweise auch vermieden werden. Da fast alle Firmen zum 31.12. bilanzieren, sind einige Steuerberatungskanzleien zwischen Februar und August besonders stark belastet. Damit besteht aber die Gefahr, dass Bilanzen nicht rechtzeitig vor dem 30.9. fertiggestellt werden können. Besonders diese Überlegung sollte mit dem Steuerberater besprochen werden, um negative Auswirkungen in der Ratingbeurteilung durch das Versäumen einer rechtzeitigen Bilanzvorlage in der Bank zu vermeiden.

Die beiden klassischen Methoden, auf die Bilanzsumme einzuwirken, sind Leasing und Factoring. Während beim Leasing ein Anstieg der Bilanzsumme bei notwendigen Investitionen in Fahrzeuge, Maschinen oder EDV-Ausstattungen vermieden wird, wird beim Factoring durch Verkauf der Warenforderungen die Bilanzsumme verkürzt.

Allerdings sind die Bedingungen beider Finanzierungsformen immer mit den entsprechenden Finanzierungskonditionen von Banken zu vergleichen. Eine strategische Bilanzverkürzung zur Verbesserung der Eigenkapitalquote durch diese Instrumente darf nicht dazu führen, dass über schlechtere Konditionen die Ertragskraft und letztlich damit die Höhe des Eigenkapitals negativ beeinflusst werden.

Bilanzsummenkürzung zum Bilanzstichtag kann ebenso über ein aktives Liquiditäts- und Bestandsmanagement erreicht werden. Einige Anregungen sollen dies erläutern:

- Vermeiden Sie hohe Kontoguthaben bei gleichzeitig bestehenden Kontokorrentkrediten. Diese können beispielsweise resultieren aus Rücklagen für Steuerzahlungen auf einem Festgeldkonto, einer kurz vor dem Bilanzstichtag erhaltenen Anzahlung oder der Auszahlung eines langfristigen Krediges noch vor Jahresende, obgleich die zugehörige Investition erst im Januar bezahlt wird.

- Nutzen Sie die Möglichkeiten des online-bankings, um zum Jahresschluss Konten auszugleichen. Dabei ist der Buchungsschluss der Banken am letzten Arbeitstag zu beachten.

- Denken Sie bei Vertragsgestaltungen an die Auswirkungen von Zahlungsterminen. Anzahlungen sollten nicht für Dezember, sondern für Januar vereinbart werden, wenn dies geschäftspolitisch vertretbar ist.

- Bei hohen Forderungsbeständen sollte bereits im Oktober, spätestens Anfang November mit einer gesonderten Mahnaktion versucht werden, rückständige Beträge zu erhalten.

- Gewähren Sie Sonderskonti, sofern der Forderungseingang noch vor Bilanzstichtag erfolgt.

- Überprüfen Sie rechtzeitig vor dem Bilanzstichtag zusammen mit dem Steuerberater hohe Wertberichtigungen daraufhin, ob sie abgeschrieben werden können. Dass Sie dennoch versuchen, derartige Forderungen einzutreiben, wird wohl selbstverständlich sein.

- Versuchen Sie Kunden, die ohnehin mit langen Zielvereinbarungen zahlen, auf das Scheck-Wechsel-Verfahren umzustellen. Sie erhalten einen Scheck und stellen einen Wechsel aus, den ihr Kunde bei seiner Bank diskontieren lässt. Ihre Forderung verschwindet aus der Bilanz, und ihr Kunde behält sein Zahlungsziel, nun allerdings über seine Bank.

- Sonderaktionen vier bis sechs Wochen vor dem Bilanzstichtag können vielleicht zu Lagerreduzierungen führen.
- Überprüfen Sie jeweils Mitte des Jahres, also deutlich vor Bilanzstichtag, das Anlagevermögen auf überflüssigen Bestand, um rechtzeitig vor Jahresende erforderliche Verkäufe realisieren zu können.
- Statt Mitarbeiterdarlehn kann über eine Bürgschaft des Unternehmens gegenüber einer Bank nachgedacht werden. Allerdings bedarf der dann wegfallende Zinsvorteil gegenüber einer Bankfinanzierung einer Lösung, die mit dem Steuerberater zu besprechen ist.
- Besprechen Sie mit Ihrem Steuerberater, ob es sinnvoll ist, auf andere Bilanzstandards umzustellen, die für Sie bessere Bewertungen zulassen.

Manche dieser Maßnahmen dienen auch im Laufe des Jahres der Liquiditätsverbesserung und können Teil eines straffen und aktiven Finanzmanagements sein.

Durch die maschinelle Bilanzauswertung werden stille Reserven im Unternehmen nicht in die Kennzahlenermittlung und damit auch nicht in die Beurteilung, erst recht nicht in die Berechnung der Eigenkapitalquote, einbezogen. Ihr Vorhandensein lässt aber eine konservative Bilanzpolitik erkennen, die sich positiv auf die Managementqualifikation auswirken sollte. Dazu müssen die Bewertungsregeln des Unternehmens der Bank bekannt sein, und sie sollte auch dazu Stellung nehmen, ob sie darin tatsächlich eine vorsichtige Bilanzierungspolitik sieht.

Ob diese Möglichkeiten in einem Unternehmen und in welchem Umfang genutzt werden können, hängt vom Einzelfall ab und sollte eingehend mit dem Steuerberater besprochen werden. Allerdings ist mir wichtig, damit einen Impuls zu geben, zumindest einmal darüber nachzudenken, ob durch die Reduzierung nicht notwendiger Bestandspositionen und/oder durch ein aktives und effektives Finanzmanagement die Eigenkapitalquote verbessert werden kann.

8 Zehn Empfehlungen

In diesem Buch finden sich eine Reihe von Empfehlungen. Einige, die mir besonders wichtig erscheinen, sind im Folgenden zusammengefasst und nochmals kurz erläutert. Die ersten fünf sind gedacht, um im Unternehmen eine Diskussion über Schwachstellen anzuregen. Die dabei entstehenden Schlussfolgerungen sollten zu betriebswirtschaftlichen Veränderungen führen, die in erster Linie die langfristig erfolgreiche Existenz des Unternehmens sichern. Gleichzeitig erfolgt damit aber auch eine Vorbereitung auf die Gespräche mit den Banken.

Die weiteren Empfehlungen sollen helfen, Stolpersteine im Ratingverfahren zu vermeiden. Sie setzen allerdings unter Umständen eine Veränderung des Verhaltens gegenüber Banken voraus. Insbesondere die Einhaltung von Absprachen und eine offene Informationspolitik sind leicht umzusetzende, für die Ratingbeurteilung jedoch nicht zu unterschätzende, Einflussfaktoren.

Das wichtigste Erfordernis für eine gute Ratingbeurteilung fehlt allerdings. Ohne eine gute Ertragskraft bleiben alle Bemühungen, Einfluss auf das Rating zu nehmen, erfolglos. Doch ein positives Ergebnis im abgelaufenen Geschäftsjahr vorzulegen, ist zwar ein wichtiger, aber nicht der allein entscheidende Beurteilungspunkt.

Vielmehr kommt es darauf an nachzuweisen, dass dieses Ergebnis auch künftig nachhaltig erwirtschaftet und gegebenenfalls sogar verbessert werden kann. Denn mit Blick auf ihre Risikopositionen im Kreditgeschäft beachtet eine Bank besonders die Frage, ob die mit Kreditnehmern vereinbarten Rückzahlungsvereinbarungen von ihnen in der Zukunft eingehalten werden können.

1. **Erstellen Sie erstmals ein Unternehmenskonzept oder führen Sie ein bereits bestehendes weiter.**

Ob eine Konzeption aus einem Anlass (Expansion, Betriebsverlagerung) oder ohne besonderen Grund erstellt wird: Sie bietet die Möglichkeit, die Unternehmensziele zu definieren, die Erfordernisse ihrer Umsetzung zu formulieren und dies im Unternehmen oder mit Beratern zu diskutieren. Zwangsläufig wird sie auch dazu führen, die Stärken und Schwächen eines existierenden Betriebes aufzuzeigen.

Ein Unternehmenskonzept kann und sollte erstellt werden, wenn es gilt die Lösung für die Nachfolgeregelung aufzuzeigen. Insbesondere ist darzustellen, wie der Nachfolger in die Führung mittelfristig integriert werden soll und ob sein Eintritt zu Veränderungen von Rechtsform, Produktprogramm oder Kundenzusammensetzung führt.

Ein schlüssiges Unternehmenskonzept hilft im Ratingprozess, das Unternehmen, seine Produkte, Organisation und Vertrieb zu präsentieren. Viele Fragen von Banken lassen sich damit beantworten. Insbesondere wird die Chance genutzt, die Unternehmensleitung als kompetenten und vorrausschauenden Gesprächspartner für Banken darzustellen.

2. Reorganisieren Sie Ihre Buchhaltung, sodass sie den Ansprüchen an ein funktionsfähiges Rechnungswesen genügt und ein effizientes Controlling ermöglicht.

Das Rechnungswesen ist das Ruderhaus für Ihr Unternehmensschiff. Hier werden Erfolge dokumentiert, Fehler erkannt und daraus resultierend Weichen für die Zukunft gestellt. Allerdings bedarf es dazu zeitnaher, umfassender, verlässlicher und aussagekräftiger Zahlen für die Vergangenheit wie für die Zukunft.

Vorraussetzungen dafür sind zum einen die gute und zuverlässige technische Ausrüstung von Hard- und Software. Ebenso gehört die entsprechende Qualifikation der dort tätigen Mitarbeiter dazu. Am meisten sind jedoch Sie als Unternehmer gefordert, denn nur Sie können die konsequente und erfolgreiche Nutzung von Rechnungswesen und Controlling veranlassen.

Diese Ansprüche, die ein Unternehmer ohnehin an seine Buchhaltung stellen sollte, haben auch die Banken. Sie zu erfüllen, sollte aber bereits im eigenen Interesse eine hohe Priorität besitzen.

3. Erstellen Sie zumindest eine Ertragsplanung für das folgende Geschäftsjahr und nutzen sie für einen Soll-Ist-Vergleich in Ihrem Unternehmen.

In den meisten Betrieben wäre bereits eine Ertragsplanung für ein Jahr wünschenswert. Die Erstellung können der Steuerberater mit seiner Erfahrung und eine entsprechende Software unterstützen, auch für langfristigere Planungsüberlegungen.

Vorhandene Planungsinstrumente sind besonders dann hilfreich, wenn mit ihnen der Wegfall von Kunden oder Lieferanten simuliert werden kann. Für Unternehmer ist es wichtig, die möglichen negativen Konsequenzen bestehender Abhängigkeiten einzuschätzen. Vielleicht kann damit auch die Bank beruhigt werden.

Oft werden Planungen von Banken zur Auflage gemacht. Dennoch dienen sie in erster Linie dem Unternehmen selbst, dass zwingend wissen muss, in welche Richtung das Schiff steuert. Entsprechend sind Planungsinstrumente als Arbeitsunterlage zu nutzen sowie durch Soll-Ist-Vergleiche und Abweichungsanalysen mit Leben zu erfüllen.

4. Nutzen Sie bilanzoptische Maßnahmen im gesetzlichen Rahmen, um positiv auf Ihre Eigenkapitalquote einzuwirken.

Auch kleine und mittlere Unternehmen sollten ein aktives Finanzmanagement betreiben, mit dessen Hilfe die Liquidität des Unternehmens ebenso gesteuert wie die Einhaltung gesunder Finanzstrukturen gewährleistet wird. Insbesondere besteht eine Chance, eigenkapitalverbessernde Maßnahmen umzusetzen.

Eine Reihe bilanzoptischer Maßnahmen hat gleichzeitig Kosteneinsparungen zur Konsequenz. Die damit verbundene Ertragssteigerung kann dann zu einer weiteren Eigenkapitalverbesserung führen.

Allerdings sollte diese Empfehlung nicht zur Bilanzkosmetik genutzt werden, die – von Banken erkannt – immer zu einer Verschlechterung im Rating führt. Die Kennzahlenermittlung in der Bilanzanalyse wird fast immer Indizien für die Bilanzkosmetik liefern. Die dann entstehenden Zweifel an der Vertrauenswürdigkeit werden sich in der Einschätzung der Managementqualifikation und gegebenenfalls auch in einer stärkeren Gewichtung individueller Risiken bemerkbar machen.

5. Legen Sie Nachfolgeregelungen sowohl für krankheitsbedingte Ausfälle wie auch für Pensionierungen der für das Unternehmen unverzichtbaren Mitarbeiter einschließlich für sich selbst fest.

Nicht nur im Interesse der Banken, sondern vielmehr zur langfristigen Unternehmenssicherung ist diese Empfehlung von existenzieller Bedeutung. Die wichtigsten Eigenschaften einer erfolgreichen Unternehmensführung, Erfahrung und Fachwissen, lassen sich nur über einen längeren Zeitraum erwerben.

Daraus entsteht die Notwendigkeit, einerseits Nachfolgefragen rechtzeitig zu planen und langfristig umzusetzen und andererseits für den Ausfall unverzichtbarer Mitarbeiter Lösungen festzulegen. Und darin liegt auch die Begründung, warum im Ratingverfahren dieses Kriterium einen so hohen Stellenwert besitzt.

Zusammen mit Nachfolgeregelungen ist auch ein Konzept für vorgesehene Erbregelungen zu erstellen. Fehlende oder unzureichende Erbregelungen können zu existentiellen Belastungen für das Unternehmen führen, weswegen eine kompetente Hilfestellung erforderlich ist.

6. Informationen und Erläuterungen sollten Sie der Bank schriftlich geben.

Die zunehmend von den Banken umgesetzte und von der Bankenaufsicht gewollte Trennung von Kundenbetreuung und Kreditentscheidung macht eine schriftliche Weitergabe von Informationen und Erläuterungen erforderlich. Nur so können Missverständnisse oder Fehlmitteilungen innerhalb einer Bank vermieden werden.

Gleichzeitig liegen darin Chancen, zum einen eigene Gedanken, Visionen und Kompetenz in der Führung darzustellen. Andererseits werden für Banken eingereichte Unterlagen – Bilanzen, Zwischenzahlen, Planzahlen – erst mit ergänzenden Kommentierungen verständlich.

Für den Unternehmer sind weitere Vorteile die damit verbundene Gesprächsvorbereitung, das Reflektieren vergangener Entwicklung und die Dokumentation, was der Bank mitgeteilt wurde.

7. Aktuelle Entwicklungen von Belang sollten der Bank zeitnah mitgeteilt werden.

Zwar steht die rechtzeitige Einreichung von Bilanzen und Zwischenzahlen im Vordergrund. Insbesondere gilt es den Termin 9 Monate nach Bilanzstichtag, in der Regel der 30. September, im Folgejahr strikt einzuhalten. Ebenso sollten aber Zwischenzahlen möglichst zeitnah zum jeweiligen Stichtag (längstens drei bis vier Wochen später) vorliegen, wenn diese mit der Bank vereinbart sind.

Hier sind aber auch andere bedeutende Informationen, wie Änderungen von Rechtsverhältnissen, in der Geschäftsführung oder das Erkennen besonderer Risiken, gemeint. Produktneuentwicklungen und neue Vertriebswege sind Gelegenheiten, Banken die Kreativität oder Innovationsfähigkeit eines Unternehmens zu zeigen, und sollten daher mit Präsentationen – entweder auf Messen oder gegebenenfalls ausschließlich für Banken – genutzt werden.

8. Die Kontoführung ist Ihr Aushängeschild in der Bank, das Sie sorgfältig pflegen sollten.

Mit Hilfe eines aktiven Finanzmanagements können Umsätze – gleichmäßig oder quotal den Kreditlinien entsprechend – auf die Banken verteilt werden. Ferner dient es natürlich dazu, Kreditlinien einzuhalten. Dies kann im Übrigen durch die Nutzung des onlinebankings vereinfacht werden.

Überziehungen vorhandener Kreditlinien lassen sich nicht immer vermeiden. Dann gilt es, mit der Bank *vorher* den zusätzlichen Bedarf abzustimmen. Hierzu wollen Banken wissen, woraus der Bedarf resultiert sowie in welcher Höhe und für welche Dauer eine Überziehung erforderlich ist.

Zum Finanzmanagement gehört aber ebenso eine Liquiditätsplanung, die allerdings nicht nur hilft, die Kontoführung, sondern insgesamt die Firmenliquidität zu steuern. Diese Banken einreichen zu können, ist nur ein Nebenprodukt, allerdings mit positiver Auswirkung auf das Rating.

9. Wenn Sie Absprachen mit der Bank treffen, so halten Sie diese peinlich genau ein.

Unter Absprachen sind alle Zusagen, die gegenüber der Bank gemacht werden, zu verstehen, wie das Einreichen von Informationen zu einem bestimmten Termin, das Einhalten von Beschränkungen bei Entnahmen oder die versprochene Bestellung von Sicherheiten.

Natürlich kommt es vor, dass im Tagesgeschäft eine Zusage gegenüber der Bank vergessen wird. Eine einmalige Mahnung der Bank wird vermutlich keine Folgen haben. Die wiederholte Nichteinhaltung solcher Zusagen führt aber zwingend zu einem Verlust an Vertrauenswürdigkeit und Verlässlichkeit.

Zur Einhaltung von Absprachen gehört insbesondere die pünktliche Rückführung einer Überziehung, so wie es mit der Bank vereinbart war. Wenn sich abzeichnet, dass dies nicht möglich ist, sollte frühzeitig hierüber gesprochen und damit eine neue Absprache getroffen werden.

10. Versuchen Sie Absicherungen so zu gestalten, dass keine Bank bevorzugt wird.

In schwierigeren wirtschaftlichen Phasen kann die Bevorzugung einer Bank zu Forderungen anderer Banken nach Sicherheiten führen, die möglicherweise nicht mehr erfüllbar sind. Gravierende Unterschiede in der Besicherung können selbst in guten Zeiten das Verhältnis zu einer Bank belasten. Die benachteiligte Bank wird eine solche Situation in ihrem Rating oder in ihrer Kreditentscheidung zum Ausdruck bringen.

Vorhandene ungleiche Behandlungen der Banken sollten aktiv angegangen werden. Hierzu wird mit den Banken offensiv besprochen, wie eine wünschenswerte, die Interessen aller Beteiligter berücksichtigende Veränderung erreicht werden kann. Gegebenenfalls kann daraus auch ein langfristig umzusetzende Vereinbarung resultieren, die auf die Tilgung von Krediten abgestellt ist.

9 Belastung oder Bereicherung für Ihr Unternehmen?

Basel II ist inzwischen zu einem Synonym für erhöhte Anforderungen und einen schwierigeren Umgang mit Banken geworden. Ganz besonders werden damit höherer **Formalismus**, schlechtere **Kreditkonditionen** und vor allem eine **Zurückhaltung** bis hin zu einer Verweigerung, den Mittelstand zu finanzieren, verknüpft. Aber ist das objektiv richtig oder handelt es sich hier nur um Vorurteile?

Viele Unternehmer sind früher zu ihrer Bank gegangen, haben ihr einen Kreditwunsch vorgestellt und im Gespräch selbst noch dafür die Zusage erhalten. Daraus ist der Eindruck entstanden, dass das Vertrauen in die Person den höchsten Stellenwert hatte. „Meine Bank weiß, dass ich ehrlich bin und dass sie sich auf mich verlassen kann! Deswegen habe ich auch keine Probleme, zusätzliche Kredite zu erhalten."

Damals wie heute wurde seitens der Bank die Kreditzusage nicht allein auf die persönliche Seite der Vertrauenswürdigkeit abgestellt, die sich in Begriffen wie Ehrlichkeit, Offenheit und Verlässlichkeit wiederfindet. Daneben wurde gleichzeitig die sachliche Vertrauenswürdigkeit beurteilt. Damit ist das Vertrauen in die Erfahrungen, Fähigkeiten und Fertigkeiten des Unternehmers gemeint.

Diese dokumentieren sich in einer erfolgreichen Geschäftsentwicklung, die anhand von Bilanzen, Zwischenzahlen, umgesetzten Planzahlen und persönlichen Einkommens- sowie Vermögensaufstellungen überprüfbar sind. Diese Unterlagen waren auch damals – trotz der sofort erteilten Zusage – einzureichen und wurden so kritisch analysiert wie heute. Ein Unterschied zu der damaligen Verfahrensweise besteht allerdings. Heute erfolgt die Kreditzusage erst *nach* eingehender Prüfung der notwendigen Zahlenwerke.

Die damit verbundenen Zeitverzögerungen, die daraus resultierenden kritischen Anmerkungen oder die dann gestellten Forderungen und Auflagen der Banken erwecken den Eindruck, heute sei alles schwieriger und komplizierter als früher. Die **Formalismen**, die Notwendigkeit, Einblick in finanzielle Verhältnisse von Kreditnehmern zu nehmen, und eigene Vorstellungen der Bank in die Kreditentscheidung mit einzubringen, sind jedoch immer noch dieselben.

Immer war eine Kreditentscheidung - und wird es auch bleiben – abhängig von drei Fragen:

- Lassen die Vermögensverhältnisse eines Kreditnehmers eine Kreditaufnahme zu? (Eigenkapital)

- Rechtfertigen die bisherigen Einkommensverhältnisse eine Kreditaufnahme? (Ertragskraft)

- Ist die Rückzahlung des Kredites einschließlich vereinbarter Zinsen künftig gewährleistet? (Zukunftsperspektive)

Diese drei Fragen stellt sich jede Bank bei einer Kreditentscheidung. Sie lassen sich aber auch umformulieren in die Sichtweise des Kreditnehmers:

- Ist die von mir beabsichtigte Verschuldung in Relation zu meinem Vermögen gerechtfertigt?
- Lässt mein Einkommen eine Kreditaufnahme zu?
- Kann ich langfristig sowohl den Kredit zurückzahlen wie auch die Zinsbelastung tragen?

Eine Ausnahme bei der Beantwortung dieser Fragen bilden die Existenzgründer, die in aller Regel die ersten beiden Fragen nur mit einem Nein beantworten können. Dies macht umso deutlicher, warum bei ihnen, aber auch bei anderen, einer positiven Antwort zur dritten Frage ein besonders hoher Stellenwert zukommt.

Nicht nur eine Bank, sondern jeder Kreditnehmer wird sich diese drei Fragen stellen. Während Privatleute, z. B. für eine Baufinanzierung, diese Fragen relativ einfach beantworten können, fällt dies mittelständischen Unternehmen und Handwerkern schon schwerer. Insbesondere der Zukunftsaspekt ist schwierig zu durchleuchten und hängt von vielen Unwägbarkeiten ab. Gerade deswegen werden sie aber diese Fragen besonders sorgfältig prüfen, um nicht mit einer zwar positiven, aber übereilten Antwort Weichen für die Zukunft ihres Betriebes falsch zu stellen.

Die gleichen sorgfältigen Überlegungen muss eine Bank anstellen. Hierzu ist, neben dem erforderlichen Zeitbedarf, die vollständige Kenntnis der für die Beurteilung erforderlichen Parameter notwendig, die sie nur von ihrem Kreditnehmer erhalten kann. Und letztlich liegt es auch in seinem Interesse, wenn seine Bank diese Fragen durchleuchtet und – wie er selbst – zu einer positiven Entscheidung gelangt.

Der Kreditaufnahme steht die Weiterführung bestehender Kredite gleich. Bank und Kreditnehmer müssen sich hierzu die gleichen Fragen stellen. Und wenn diese Fragen verneint werden, sind Konsequenzen zu ziehen, die der Kreditnehmer, der sich meistens auch von Zukunfts-Hoffnungen leiten lässt, nicht so leicht wahrhaben will wie die Bank, die eine eher sachliche Betrachtung vornimmt.

Der Regelfall ist weder das vorbehaltlose Ja noch das strikte Nein zu einer Kreditfrage. Dazwischen liegt vielmehr eine Bandbreite von Antworten wie „Ja, aber" bis hin zum „Nein, es sei denn". Und dieser Bandbreite, die ein zunehmendes Risiko bedeutet, sollte die **Kondition** entsprechen, die bei einem hauchdünnen Ja mit vielen Auflagen höher ausfallen sollte als bei einem klaren und vorbehaltlosen Ja.

Voraussetzung, die Kondition von der Frage abhängig zu machen, ob eine Bank mit einer sehr positiven oder mit einer nur gerade noch positiven Einstellung einen Kredit vergibt, ist aber, dass sie hierfür tatsächlich unterschiedliche Konditionen am Markt durchsetzen kann. Mit der zunehmenden Transparenz in den letzten 20 Jahren ist diese Marktstärke der Banken allerdings zunehmend verloren gegangen.

Die Kreditnehmer orientierten ihre Entscheidungen, wo Kredite aufgenommen wurden, an der Höhe der angebotenen Zinssätze und wechselten leichter die Bankverbindung. Eine Konsequenz für die Banken waren rückläufige Margen. Das Risiko im Kreditgeschäft blieb jedoch unverändert bzw. stieg sogar, wenn die wirtschaftlichen Rahmenbedingungen sich insgesamt verschlechterten.

Welche Entscheidung trifft aber nun ein mittelständischer Unternehmer, wenn die Preise, die er in einem Teilmarkt bei seinen Kunden erzielt, schlechter werden und gleichzeitig die Zahlungsmoral die vollständige Bezahlung der gelieferten Ware in Frage stellt? Er gibt derartige Teilmärkte auf und konzentriert sich auf Produkte, Märkte und Kunden, bei denen eine auskömmliche Rentabilität zu erwarten ist. Ähnlich haben sich die Banken mit ihrer **Zurückhaltung** im Kreditgeschäft verhalten und versucht, in – aus ihrer Sicht – interessanteren Märkten rentabel zu wirtschaften.

In den bisherigen Kapiteln war häufig von Rating die Rede. In diesem Kapitel habe ich dieses Wort bis hierher nicht benutzt. Auch wenn die Ursachen komplexer sind, als hier dargestellt, möchte ich damit deutlich machen, dass Verhaltensweisen und Entscheidungen von Banken eben nicht allein von Ratingverfahren oder den kommenden Vorschriften unter Basel II abhängig sind.

Das bankinterne Rating ist nichts anderes als eine Zusammenfassung der früher allein üblichen beschreibenden Kreditentscheidung und damit lediglich ein Hilfsmittel, um systematisch Schwachstellen bei einem Kreditnehmer und damit frühzeitig Risiken eines Kreditengagements zu erkennen. Die Schwachstellenanalyse der Banken kann aber auch Ihnen als Unternehmer helfen, wenn in einem beiderseits konstruktiv kritisch geführten Gespräch hierüber diskutiert wird.

Hieraus kann ein Maßnahmenkatalog entstehen – mit oder ohne Beteiligung der Bank –, der bei erfolgreicher Umsetzung zu einem verbesserten Ratingurteil führt. Ein erheblich verbessertes Ratingurteil heißt aber nichts anderes, als dass der wirtschaftliche Erfolg Ihres Unternehmens gestiegen ist. In wessen Interesse liegt dies aber? Im Interesse der Bank, deren Risiken bei Ihren Krediten kleiner geworden sind? Oder in Ihrem Interesse, weil Sie nun höhere Gewinne erwirtschaften?

Die Antwort, dass dies im beiderseitigen Interesse liegt, dürfte klar sein. Daher ist die Sichtweise, Ratingverfahren führen zu einer Belastung des Mittelstandes, nicht richtig. Wenn beide Seiten – Ihre Bank und auch Sie als Unternehmer – vor Augen haben, den wirtschaftlichen Erfolg Ihres Unternehmens konsequent zu steigern, liegt hierin eine Chance für Sie, die im wahrsten Sinne des Wortes zur Bereicherung führen kann.

Sicherlich ist diese Argumentation idealtypisch, und im Einzelfall wird es dieses Ergebnis so nicht geben. Eine Ursache dafür liegt im fehlenden Verständnis für die sich im Zeitablauf geänderten Entscheidungsabläufe, verstärkten Risikobetrachtungen und neuen Geschäftsausrichtungen von Banken. Sich hieran jedoch nicht anzupassen, sollte sich eigentlich nur leisten, wer nicht auf Bankfinanzierungen angewiesen ist.

Wie Banken sich aufgestellt haben, ist ebenso eine feststehende Tatsache, wie gesetzliche Rahmenbedingungen oder veränderte Marktstrukturen auch. Das einzelne mittelständische Unternehmen wird solchen Fakten nur ausweichen können,

- wenn es keine Kredite benötigt,
- wenn es den deutschen Gesetzen durch eine Verlagerung ins Ausland entgehen kann
- oder wenn es aufgrund monopolistischer Marktstellung auf Marktstrukturen keine Rücksicht nehmen muss.

Im Normalfall sieht die Realität anders aus. Wenn sich Gesetze ändern oder am Markt andere Strukturen entstanden sind, passen sich mittelständische Unternehmen diesen an. Sie versuchen weiterhin, ihren Erfolg zu finden und – trotz oder sogar mit Hilfe dieser Veränderungen – auszubauen.

Auch wenn dies manchmal nicht ohne schmerzende Umstrukturierungen möglich ist, so gilt das Gleiche bei der Reaktion auf die bestehenden Ratingverfahren der Banken. Es bedarf eines aktiven Umgangs mit ihnen, um die darin liegenden Chancen zu einer erfolgreichen Geschäftsentwicklung zu nutzen.

Anhang

I.	Ratingformular	136
II.	Klassifizierungshinweise	138
III.	Ertragsplanung	140
IV.	Musterformular Ertragsplanung	143
V.	Liquiditätsplanung	144
VI.	Musterformular Liquiditätsplanung	147
VII.	Kopiervorlage: Leitfaden für das Rating-Gespräch mit der Bank	148
VIII.	Abbildungsverzeichnis	149

I. Ratingformular

Managementqualifikation	sehr gut	gut	befr.	ausr.	schlecht	Beurteilung
Management						
Unternehmenskonzept	1	2	3	4	5	
Führungsqualität	1	2	3	4	5	
Nachfolgeregelungen	1	2	3	4	5	
Rechnungswesen	1	2	3	5	7	
Beziehungen zur Bank				Summe a-f) : 6		
a) Dauer der Kundenbeziehung	1	2	3	4	5	
b) Kontoführung	1	2	3	4	5	
c) Einhalten von Kreditlinien	1	2	3	5	7	
d) Informationsverhalten	1	2	3	5	7	
e) Einhalten von Absprachen	1	2	3	5	7	
f) Warnsignale	1	2	3	5	7	
					Summe:	
Vergangenheit	sehr gut	gut	befr.	ausr.	schlecht	
Ertragsverhältnisse						
Rohertrag	1	2	3	4	5	
Kostenstruktur	1	2	3	4	5	
Ertragslage	1	2	3	5	7	
Bilanzverhältnisse						
Eigenkapital	1	2	3	5	7	
Liquidität	1	2	3	4	5	
Finanzstruktur	1	2	3	4	5	
					Summe:	
Zukunft	sehr gut	gut	befr.	ausr.	schlecht	
Zeitnähe der Informationen	1		3		7	
Aktuelle Entwicklung						
Kostenstruktur	1	2	3	4	5	
Ertragslage	1	2	3	4	5	
Eigenkapitalentwicklung	1	2	3	4	5	
Liquidität	1	2	3	4	5	
Entwicklung lt. Planung	1	2	3	5	7	
Umfeld des Kreditnehmers						
Stärke im Markt	1	2	3	4	5	
Abhängigkeiten	1	2	3	4	5	
Risiken	1	2	3	4	5	
Branchenverhältnisse	1	2	3	4	5	
					Summe:	
					Gesamtpunkte:	

Ermittlung Kundenrisikograd:

21-33 =	AAA	Einwandfreie Bonitäten mit	
34-40 =	AA	überdurchschnittlicher Kapital-	
41-46 =	A	Dienstfähigkeit	
47-53 =	BBB	Gute bis durchschnittliche Bonitäten,	
54-59 =	BB	die eventuell einer unterjährigen	
60-65 =	B	Überwachung bedürfen	
66-72 =	CCC	Bonitäten mit erhöhtem Risiko und	
73-78 =	CC	eingeschränkter Kapitaldienstfähigkeit	
79-85 =	C	Gefährdeter Fortbestand	
über 85 =	D	Insolvenz; gekündigt; abgeschrieben	

Kundenrisikograd: ☐

Sicherheiten — Zutreffendes ankreuzen:

entbehrlich	keine Veränderung des Risikogrades	☐
erforderlich, aber nicht zu erhalten	Verschlechterung um einen Grad	☐
vollständige, liquide Unterlegung	Aufwertung auf "AAA"	☐
vollständige, werthaltige Unterlegung	Aufwertung bis auf "A"	☐
mind. 50-prozentige werthaltige Unterlegung	Aufwertung um einen Grad, nicht höher als "BB"	☐
Individuelle Risiken	Abwertung nach eigener Einschätzung	☐
vollständige, werthaltige Bürgschaften	Aufwertung auf Engagementrisikograd des Bürgen	☐

Engagementrisikograd: ☐

II. Klassifizierungshinweise

Managementqualifikation	sehr gut		schlecht
Management			
Unternehmenskonzept	Klares, schlüssiges, nachvollziehbares Konzept vorhanden	<...>	Kein Konzept vorhanden oder unrealistisch
Führungsqualität	Hohe Erfahrung sowie sehr gute Fach- und Steuerungskompetenz	<...>	Unerfahrenes Management; keine Steuerungsinstrumente
Nachfolgeregelungen	Klare Nachfolgeregelung oder derzeit keine Notwendigkeit	<...>	Akute Nachfolgeprobleme
Rechnungswesen	Zeitnahes Controlling auf hohem Niveau	<...>	Aussagen zur Geschäftsentwicklung nicht möglich oder nicht zeitnah
Beziehungen zur Bank			
Dauer der Kundenbeziehung	über 6 Jahren	<...>	unter 2 Jahren
Kontoführung	Flüssige Kontoführung	<...>	Konto seit Wochen unbewegt
Einhalten von Kreditlinien	Linien werden stets eingehalten; Überziehungen nur nach vorheriger Abstimmung	<...>	Ständige Überziehungen
Informationsverhalten	Frühzeitige, verlässliche Informationen	<...>	Verspätete, unvollständige oder unrichtige Informationen
Einhalten von Absprachen	Absprachen werden stets eingehalten	<...>	Absprachen werden nicht eingehalten
Warnsignale	Keine Warnsignale	<...>	Warnsignale aktuell

Vergangenheit	sehr gut		schlecht
Ertragsverhältnisse			
Rohertrag	Über Branche liegendes Wachstum	<...>	Rohertragsrückgang erheblich über Umsatzrückgang
Kostenstruktur	Deutlich günstigere Relationen als Branche	<...>	Erheblich schlechtere Kostenrelationen als Branche
Ertragslage	Deutlich über Branche liegende Ertragskraft	<...>	Ertragskraft negativ oder völlig unzureichend
Bilanzverhältnisse			
Eigenkapital	Hohe Eigenkapitalbasis und deutlich über Branche	<...>	Negatives oder fehlendes Eigenkapital
Liquidität	Hohe Liquidität vorhanden	<...>	Ständige Liquiditätsprobleme
Finanzstruktur	Konsequente Einhaltung der Fristenkongruenz; sehr hohe Kreditspielräume	<...>	Fristenkongruenz nicht eingehalten; kein Spielraum für weitere Kredite

Anhang

Zukunft	sehr gut		schlecht
Zeitnähe der Informationen	sehr gut: Vorlage Bilanz bis 30.6. des Folgejahres sowie frühzeitige aktuelle Informationen befriedigend: bis 30.9. schlecht: danach		
Aktuelle Entwicklung			
Kostenstruktur	Deutliche Verbesserung der schon über der Branche liegenden Werte	<...>	Erhebliche Verschlechterung
Ertragslage	Deutliche Verbesserung der schon über der Branche liegenden Werte	<...>	Sehr deutliche Verschlechterung oder erheblicher Verlust
Eigenkapitalentwicklung	Deutliche Kapitalverbesserung bei bereits mindestens guter Relation	<...>	Gewinnüberschreitende Entnahmen bei unzureichendem Eigenkapital
Liquidität	Verbesserung bei bereits vorhandener hoher Liquidität	<...>	Drastische Verschlechterung oder vorhandene Illiquidität
Entwicklung lt. Planung	Verlässliche, umfassende Planung mit zu erwartender sehr guter Entwicklung	<...>	Planungen sind nicht vorhanden oder zeigen besorgniserregende Entwicklung
Umfeld des Kreditnehmers			
Stärke im Markt	Hohe Produktqualität; Markenname; Marktführer	<...>	Häufige Reklamationen; kein Vertriebskonzept; Absatzmärkte verloren
Abhängigkeiten	Breit gefächerte Kundenstruktur; Wegfall von Kunde/Lieferanten problemlos	<...>	Hohe Risiken im Ein- oder Verkauf; Reduzierung nicht zu erwarten
Risiken	Keine besonderen Risiken erkennbar	<...>	Individuelle, existenzbedrohende Risiken
Branchenverhältnisse	Durchweg positive Aussichten	<...>	Nachhaltig überaus schwierige Branche

III. Ertragsplanung

Vergangenheit	Jan	Feb	Mrz	Apr	Mai	Jun	Jul	Aug	Sep	Okt	Nov	Dez	Summe
Umsätze vor 2 Jahren	658,9	624,8	688,7	627,7	880,8	576,1	629,9	698,6	805,3	704,0	696,5	529,9	8.121,4
Anteil am Jahresumsatz	8,1%	7,7%	8,5%	7,7%	10,8%	7,1%	7,8%	8,6%	9,9%	8,7%	8,6%	6,5%	100,0%
Umsätze vor 1 Jahr	678,7	648,1	682,1	564,1	677,0	542,7	602,8	641,7	622,4	622,6	574,4	400,4	7.257,0
Anteil am Jahresumsatz	9,4%	8,9%	9,4%	7,8%	9,3%	7,5%	8,3%	8,8%	8,6%	8,6%	7,9%	5,5%	100,0%
Umsätze lfd. Jahr	645,1	613,9	661,5	620,5	806,8	583,6	588,2	642,2	680,7	701,7	670,3	488,4	7.702,8
Anteil am Jahresumsatz	8,4%	8,0%	8,6%	8,1%	10,5%	7,6%	7,6%	8,3%	8,8%	9,1%	8,7%	6,3%	100,0%
Durchschnittl. Anteil	8,6%	8,2%	8,8%	7,9%	10,2%	7,4%	7,9%	8,6%	9,1%	8,8%	8,4%	6,1%	100,0%

Neues Geschäftsjahr	Jan	Feb	Mrz	Apr	Mai	Jun	Jul	Aug	Sep	Okt	Nov	Dez	Summe	Vorjahr
Umsatz	688,9	656,9	705,0	632,9	817,1	592,8	632,9	688,9	729,0	705,0	672,9	488,7	8.10,9	7.702,8
Skonti-/Boni-Aufwand	-15,2	-14,5	-15,5	-13,9	-18,0	-13,0	-13,9	-15,2	-16,0	-15,5	-14,8	-10,8	-176,2	-166,8
Bestandsveränderung														184,0
Materialeinsatz	-423,7	-404,0	-433,6	-389,2	-502,5	-364,6	-389,2	-423,7	-448,3	-433,6	-413,8	-300,5	-4.926,7	-4.852,8
Skonti-/Boni-Ertrag	10,6	10,1	10,8	9,7	12,6	9,1	9,7	10,6	11,2	10,8	10,3	7,5	123,2	138,2
Rohertrag	260,7	248,6	266,7	239,5	309,2	224,3	239,5	260,7	275,8	266,7	254,6	184,9	3.031,1	3.005,4
Personalkosten	-147,6	-147,6	-147,6	-147,6	-152,1	-152,1	-152,1	-152,1	-152,1	-152,1	-152,1	-152,1	-1.807,1	-1.771,6
Sachkosten	-85,0	-60,0	-60,0	-60,0	-60,0	-60,0	-60,0	-60,0	-60,0	-60,0	-60,0	-60,0	-745,3	-770,3
Zinsaufwendungen	-4,0	-4,0	-17,3	-4,0	-4,0	-15,5	-4,0	-4,0	-14,8	-4,0	-4,0	-13,4	-93,0	-115,7
Betriebsergebnis	24,0	36,9	41,8	27,8	93,1	-3,3	23,4	44,6	49,0	50,6	38,5	-40,6	385,7	347,8
Abschreibungen	-12,5	-12,5	-12,5	-12,5	-12,5	-12,5	-12,5	-12,5	-12,5	-12,5	-12,5	-12,5	-150,0	-143,0
a. o. Aufwendungen												-50,0	-50,0	-35,6
a. o. Ertrag														17,8
Ergebnis vor Steuern	11,5	24,4	29,3	15,3	80,6	-15,8	10,9	32,1	36,5	38,1	26,0	-103,1	185,7	187,0
Ertragssteuern			-18,0			-18,0			-18,0			-18,0	-72,0	-74,3
Ergebnis	11,5	24,4	11,3	15,3	80,6	-33,8	10,9	32,1	18,5	38,1	26,0	-121,1	113,7	112,7

Anhang   141

In die nebenstehend abgebildete Ertragsplanung sind eine Reihe von Überlegungen eingeflossen, die in mittelständischen Unternehmen von Bedeutung sein können. Die folgenden Erläuterungen zeigen, was den Banken ergänzend zu einer Planung mitgeteilt werden sollte (Beträge hier und auf den nächsten Seiten in 1000 Währungseinheiten):

Planung des neuen Geschäftsjahres

Als geschäftspolitisches Ziel ist festgelegt worden, den Umsatz im Planungsjahr um 4 % zu steigern. Dies soll durch Umsetzung folgender Vertriebsmaßnahmen erreicht werden:

– gezielte Neukundenakquisition durch einen hierfür freigestellten Mitarbeiter,

– Steigerung des Durchschnittsumsatzes um 10 % bei ausgewählten Kunden,

– Erhöhung der Betreuungsintensität bei den 8 wichtigsten Kunden,

– verstärkte telefonische Kundenansprache und

– Einführung eines vierteljährlichen Rundbriefes für Sonderaktionen.

Ferner wird aus der Teilnahme an einer Messe im Januar der entscheidende Anstoß zur Unterstützung dieser Maßnahmen erwartet. Davon ausgehend wurden die Planzahlen wie folgt ermittelt:

Der **Jahresumsatz** errechnet sich aus dem Umsatz des lfd. Jahres (Ist-Umsätze bis September sowie erwartete Umsätze in den Monaten Oktober bis Dezember) zuzüglich der vorgegebenen Steigerung um 4 % (7.702,8 x 1,04 = 8.010,9). Die Verteilung des Umsatzes auf die Monate wurde anhand der durchschnittlichen, prozentualen Anteile des laufenden Geschäftsjahres sowie zweier Vorjahre (Vergangenheitsumsätze) vorgenommen.

Der **Skonti-/Boni-Aufwand** betrug im laufenden Geschäftsjahr 2,17 % vom Umsatz. Für das neue Jahr werden 2,2 % unterstellt, die auf die jeweiligen Monatsumsätze gerechnet wurden.

Der **Materialeinsatz** betrug – unter Berücksichtigung der Bestandserhöhung von voraussichtlich 184 – zuletzt 60,61 %. Für das neue Jahr werden Preiserhöhungen erwartet, bei denen Umfang und, wann sie wirksam werden, nicht einzuschätzen sind. Daher wurden vorsichtshalber 61,5 % vom Umsatz einschließlich Bestandsveränderung zugrundegelegt.

Der Ertrag aus **Skonti und Boni** machte zuletzt 2,85 % des Materialeinsatzes aus. In die Planung wurden jedoch nur 2,5 % eingestellt.

Im **Personalaufwand** wird erwartet, dass lediglich eine Tariferhöhung von 3 % ab Mai zu einer Erhöhung gegenüber dem Vorjahr führt. Veränderungen der Mitarbeiterstärke sind nicht geplant. Der Vorjahresaufwand wurde gezwölftelt, sodass Urlaubs- und Weihnachtsgeld gleichmäßig auf die Monate verteilt sind.

Zur Reduzierung der Sachkosten wurden im laufenden Jahr bereits folgende Maßnahmen eingeleitet:

- Reduzierung der Energiekosten um 25 durch Wechsel des Anbieters.
- Straffung der Versicherungskosten mit einer Ersparnis von 10.
- Verringerung der Fahrzeugkosten um 40 durch Verkauf von Dienstfahrzeugen.

In die Planung wurde allerdings nicht die Gesamtsumme von 75, sondern lediglich 50 aufgenommen, um unvorhergesehene Kosten, möglicherweise doch nicht oder zeitverzögert eintretende Spareffekte zu berücksichtigen. Ferner erhöhen sich die Sachkosten um 25 für die Teilnahme an der oben erwähnten Messe (770,3 – 50 + 25 = 745,3).

Der **Zinsaufwand** wurde aus der Liquiditätsplanung übernommen.

Die **Abschreibungen** und **Ertragsteuern** wurden mit Hilfe des Steuerberaters ermittelt.

Die **außerordentlichen Aufwendungen und Erträge** wurden nicht geplant. Allerdings wurde vorsichtshalber ein Betrag von 50 für Wertberichtigungen auf Forderungen berücksichtigt. Da hierüber erst zum Jahresende zu entscheiden ist, wurde dieser Betrag dem Dezember zugeordnet.

Zusammenfassend sind in dieser Planung folgende Reserven enthalten:

Skonti/Boni - Aufwand	3	(Niveau des laufenden Geschäftsjahres)
Materialeinsatz	71	(ohne die erwähnte Preiserhöhung)
Skonti/Boni - Ertrag	17	(Niveau des laufenden Geschäftsjahres)
Sachkosten	25	(bei vollständiger Umsetzung aller Maßnahmen)
Wertberichtigungen	50	(falls doch kein Bedarf)

Auf der folgenden Seite findet sich ein Musterformular für eine Ertragsplanung, dass als Kopiervorlage genutzt werden kann (mit einem Faktor von 1,25 kann es auf DIN-A4 vergrößert werden). Empfehlenswert ist allerdings, die einzelnen Positionen weiter zu unterteilen, um genauere Planungsergebnisse zu ermöglichen.

IV. Muster einer Ertragsplanung

Vergangenheit	Jan	Feb	Mrz	Apr	Mai	Jun	Jul	Aug	Sep	Okt	Nov	Dez	Summen
Umsätze vor 2 Jahren													
Anteil am Jahresumsatz													
Umsätze vor 1 Jahr													
Anteil am Jahresumsatz													
Umsätze lfd. Jahr													
Anteil am Jahresumsatz													
Durchschnittl. Anteil													

Neues Geschäftsjahr	Jan	Feb	Mrz	Apr	Mai	Jun	Jul	Aug	Sep	Okt	Nov	Dez	Summen	Vorjahr
Umsatz														
Skonti-/Boni - Aufwand														
Bestandsveränderung														
Materialeinsatz														
Skonti-/Boni - Ertrag														
Rohertrag														
Personalkosten														
Sachkosten														
Zinsaufwendungen														
Betriebsergebnis														
Abschreibungen														
a. o. Aufwendungen														
a. o. Ertrag														
Ergebnis vor Steuern														
Ertragssteuern														
Ergebnis														

V. Liquiditätsplanung

	Okt	Nov	Dez	Jan	Feb	Mrz	Apr	Mai	Jun	Jul	Aug	Sep	Okt	Nov	Dez	Summe
Umsatz	686,5	655,7	477,8	673,8	642,4	689,5	618,9	799,1	579,8	618,9	673,8	713,0	689,5	658,1	477,9	7.834,7
Material			-299,4	-413,1	-393,9	-422,7	-379,5	-489,9	-355,5	-379,5	-413,1	-437,1	-422,7	-403,5	-293,0	-4.803,5
Forderungen				572,8	625,8	652,2	661,6	679,3	702,8	635,4	633,8	667,9	694,5	685,5	622,1	7.833,9
Wareneinkauf				-356,3	-403,5	-408,3	-401,1	-434,7	-422,7	-367,5	-396,3	-425,1	-429,9	-413,1	-348,3	-4.806,7
Personalkosten				-139,0	-139,0	-139,0	-139,0	-139,0	-139,0	-208,5	-139,0	-139,0	-139,0	-208,6	-139,0	-1.807,1
Sachkosten				-85,0	-60,0	-60,0	-60,0	-60,0	-60,0	-60,0	-60,0	-60,0	-60,0	-60,0	-60,0	-745,3
Steuern						-18,0			-18,0		-18,0				-18,0	-72,0
Ann. lfr. Darl.				-11,6	-11,6	-11,6	-11,6	-11,6	-11,6	-11,6	-11,6	-11,6	-11,6	-11,6	-11,6	-139,2
Entnahmen				-5,0	-5,0	-5,0	-5,0	-5,0	-5,0	-5,0	-5,0	-5,0	-5,0	-5,0	-5,0	-60,0
Liquidität				-24,1	6,7	10,3	44,9	29,0	46,5	-17,2	21,9	9,2	49,0	-12,7	40,2	203,6
KK-Saldo			-542,3	-566,4	-559,6	-549,3	-517,7	-488,7	-442,3	-470,9	-449,0	-439,9	-401,6	-414,4	-374,2	
KK-Zinsen						-13,3			-11,5		-10,8			-9,4		-44,9
KK-Soll				-566,4	-559,6	-562,6	-517,7	-488,7	-453,7	-470,9	-449,0	-450,6	-401,6	-414,4	-383,6	158,7
KK-Ist																
Kreditlinien				600,0	600,0	600,0	600,0	600,0	600,0	600,0	600,0	600,0	600,0	600,0	600,0	
Freie Linien				33,6	40,4	37,4	82,3	111,3	146,3	129,1	151,0	149,4	198,4	185,6	216,4	

Annuitäten	Saldo	Zins	p.A.	Jan	Feb	Mrz	Apr	Mai	Jun	Jul	Aug	Sep	Okt	Nov	Dez	Summe
Kredit 1	245,8	7,0%	15,1	5,0	5,0	5,0	5,0	5,0	5,0	5,0	5,0	5,0	5,0	5,0	5,0	60,0
Kredit 2	548,0	6,5%	33,0	6,6	6,6	6,6	6,6	6,6	6,6	6,6	6,6	6,6	6,6	6,6	6,6	79,2
Gesamt	793,8		48,1	11,6	11,6	11,6	11,6	11,6	11,6	11,6	11,6	11,6	11,6	11,6	11,6	139,2
Zinsen p. M			4,0													

Aus der Ertragsplanung wurde die Liquiditätsplanung wie folgt entwickelt, wobei die nachfolgenden Erläuterungen nicht für eine Bank bestimmt sind. Meistens dürften mündliche Erläuterungen ausreichend sein.

Zahlen für **Umsätze** und **Material** wurden aus der Ertragsplanung übernommen, wobei diese Beträge um die zugehörigen Skonti vermindert wurden. Das Zahlungsverhalten der Kunden wie auch das eigene wurden in der Buchhaltung ermittelt und haben folgende Verteilung:

Forderungseingang:		
Abnehmer-Zielinanspruchnahme	aktueller Monat	25 %
	Vormonat	50 %
	vor 2 Monaten	20 %
	vor 3 Monaten	5 %
Material-Zahlung:		
Eigene Zielinanspruchnahme	aktueller Monat	50 %
	Vormonat	50 %

Die Berechnungsformel für den Eingang aus **Forderungen** eines Monats (am Beispiel Januar) lautet dann:

686,5 (Okt.) x 5 % + 655,7 (Nov.) x 20 % + 477,8 (Dez.) x 50 % + 673,8 (Jan.) x 25 % = 572,8

Die Zahlungen für den **Wareneinkauf** errechnen sich wie folgt:

299,4 (Dez.) x 50 % + 413,1 (Jan.) x 50% = 356,3

Im Beispielfall wird unterstellt, dass 13 Monatsgehälter einschließlich Urlaubs- und Weihnachtsgeld gezahlt werden. Daraus errechnen sich die **Personalkosten** auf 139 pro Monat. In den Monaten Juli und November werden jeweils ½ Gehalt als Urlaubs- bzw. Weihnachtsgeld gezahlt. Im Unterschied zur Ertragsplanung erfolgt in der Liquiditätsplanung eine genaue Zuordnung. Die Tariferhöhung von 35,5 (= 3%) ist auf das ganze Jahr verteilt, d. h. auch in den Monaten vor der Erhöhung enthalten. Der hieraus resultierende Fehler beträgt ca. 3 p. M.

Die **Sachkosten** wurden aus der Ertragsplanung unverändert übernommen, da anzunehmen ist, dass sie in dem Monat, in dem sie anfallen, auch sofort bezahlt werden.

Auch die **Steuern** auf Erträge wurden der Ertragsplanung entnommen.

Die **Annuitäten der Darlehn** sind in einem separaten Kasten erfasst, um eventuell im Laufe des Jahres endende Tilgungen korrekt zuordnen zu können. Ferner wird dort der jeweilige Zinsanteil an den Annuitätszahlungen festgehalten, um für die Ertragsplanung die monatliche Belastung aus Zinsen für die Darlehn zu ermitteln.

Entnahmen wurden mit monatlich 5,0 angesetzt.

Als Summe der Beträge errechnet sich die monatliche **Liquidität**. Der Betrag wird dem Kontokorrentsaldo per Ultimo des Vormonats, beginnend mit dem echten Schluss-Saldo im Dezember, zugerechnet. Dies ergibt den rechnerischen Kontokorrent-Saldo (**KK-Saldo**) für jeden Monat. Die **Kontokorrent-Zinsen** werden hieraus wie folgt berechnet (Beispiel für März):

$$(566{,}4 + 559{,}6 + 549{,}3) : 3 \times 9{,}5\,\% : 4$$

D. h. der durchschnittliche Saldo der drei Monate wird mit dem Zinssatz von 9,5 % multipliziert und auf das Quartal bezogen.

Zum Vergleich sollte der tatsächliche Kontokorrentsaldo (**KK-Ist**) eingetragen werden. Dieser Betrag dient dazu festzustellen, ob die Planung von den richtigen Voraussetzungen ausgeht, und zu erkennen, ob Liquiditätsengpässe entstehen werden.

Die Liquiditätsveränderung des gesamten Jahres – hier. 158,7 – muss der Differenz zwischen dem Kontokorrentbestand zu Beginn (Ultimo Dezember des Vorjahres) und am Ende des Planungsjahres entsprechen. Damit kann eine Planung auch auf Fehler überprüft werden.

Die Differenz zu den vereinbarten **Kreditlinien** zeigt den monatlich freien **Liquiditätsspielraum**.

VI. Muster einer Liquiditätsplanung

	Okt	Nov	Dez	Jan	Feb	Mrz	Apr	Mai	Jun	Jul	Aug	Sep	Okt	Nov	Dez	Summe
Umsatz lt. Ertragsplan.																
Material lt. Ertragsplan.																
Forderungen																
Wareneinkauf																
Personalkosten																
Sachkosten																
Steuerzahlungen																
Ann. lfr. Darl.																
Entnahmen																
Liquidität																
Rechnerischer KK-																
KK-Zinsen																
KK-Soll																
KK-Ist																
Kreditlinien																
Freie Linien																

Annuitäten	Saldo	Zins	p.A.	Jan	Feb	Mrz	Apr	Mai	Jun	Jul	Aug	Sep	Okt	Nov	Dez	Summe
Kredit 1																
Kredit 2																
Gesamt																
Zinsen p. M																

VII. Kopiervorlage: Leitfaden für das Gespräch mit Banken über das Rating

1. Lassen Sie sich das Ratingverfahren der Bank erläutern!
   - In welche Beurteilungsgruppen wird unterteilt, und wie sind sie untereinander gewichtet?
   - Welche Systematik der Ratingbenotung wird verwendet, und in welchen Klassen sieht die Bank besondere Risiken bzw. die besten Beurteilungen?
   - Welche Kriterien werden im Einzelnen beurteilt und wie? Sind Hinweise zu Klassifizierungen zu erhalten?
   - Gibt es einen Fragenkatalog, den Ihr Kundenbetreuer für Ihr Unternehmen beantworten muss? Diesen sollten Sie sich ausgefüllt aushändigen lassen.

2. Welches Ergebnis hat das derzeitige Rating Ihres Unternehmens?
   - Erbitten Sie eine Kopie des Ratings für Ihr Unternehmen.
   - Welche Stärken erkennt die Bank in Ihrem Unternehmen, und welche Möglichkeiten zu ihrer Steigerung erscheinen ihr möglich?
   - Welche Schwächen belasten die Ratingbeurteilung, und welche Maßnahmen hält sie zur Behebung für erforderlich?
   - Stimmen beide Einschätzungen mit Ihren eigenen überein oder sind Erläuterungen erforderlich, warum Ihre Sichtweise die richtigere ist?
   - Sind Missverständnisse erkennbar, und können sie ausgeräumt werden?
   - Hat die Bank aus dem Ratingergebnis Konsequenzen für die Beziehung zu Ihnen gezogen (Konditionen, Sicherheitenerfordernisse, Kreditbeschränkungen)?
   - Erstellen Sie gemeinsam einen Maßnahmenkatalog aus Sicht der Bank, in dem auch festgehalten werden sollte, wann und in welchem Umfang eine Ratingverbesserung eintritt.

3. Besprechung der Sicherheitenposition
   - Wie werden die von Ihrem Unternehmen gestellten Sicherheiten bewertet?
   - Welchen Einfluss haben die Sicherheiten auf das Rating, auf Ihre Kreditbeziehung und auf die aktuelle Konditionsgestaltung?
   - Gibt es Mängel in den Sicherheitenverträgen, die im beiderseitigen Interesse behoben werden müssen?
   - Stellen Sie Kreditlinien und Sicherheiten bei anderen Banken dar!

VIII. Abbildungsverzeichnis

Abbildung 1: Vergleich der prozentualen Eigenkapitalunterlegung 20

Abbildung 2: Beispielhafte Gewinn- und Verlustrechnung 37

Abbildung 3: Aufbau des Ratingverfahrens 40

Abbildung 4: Durchschnittliche Gewichtung 47

Abbildung 5: Ratingschema – Managementqualifikation 49

Abbildung 6: Ratingschema – Vergangenheit 64

Abbildung 7: Ratingschema – Zukunft 75

Abbildung 8: Ermittlung Forderungseingang I 83

Abbildung 9: Forderungseingang II 84

Abbildung 10: Ratingschema – Kundenrisikograd 91

Abbildung 11: Bewertung des Umlaufvermögens 103

Abbildung 12: Ratingschema – Sicherheiten 110

Literaturhinweise

1. Informationen von Banken

Neben Broschüren bieten die Banken zumeist auch weitergehende Informationen auf ihren Internet-Seiten an. Es empfiehlt sich die Suche über die Rubrik „Firmenkunden" und anschließend mit dem Suchbegriff „Rating". Soweit vorhanden finden sich dann auch Downloads einiger Broschüren.

COMMERZBANK, Basel II: Herausforderungen als Chance nutzen, 2001
   (www.commerzbank.de)

DEUTSCHE BANK, Rating. Fitness-Check für Ihr Unternehmen, 2001
   (www.firmenkunden.deutsche-bank.de)

DRESDNER BANK, Rating: Ein bewährtes Verfahren gewinnt neue Bedeutung, Köln 2001
   (www.beraterbank.de)

HYPO-VEREINSBANK, Finance-Magazin "Rating & Basel II" (12/01)
   (www.fk.hypovereinsbank.de)

IKB DEUTSCHE INDUSTRIEBANK, Rating für den Mittelstand (07/03)
   (www.ikb.de)

SPARKASSE, Rating – Herausforderung und Chance zugleich, 2002
   (www.sparkasse.de)

VOLKSBANK, Rating als Chance, Berlin 2002
   (www.volksbank.de)

2. Informationen anderer Organisationen

BUNDESWIRTSCHAFTSMINISTERIUM, Softwarepaket für Gründer und junge Unternehmer,
   (www.bmwi-softwarepaket.de/swt/)

DEUTSCHE BUNDESBANK, Zur Bonitätsbeurteilung von Wirtschaftsunternehmen durch die Deutsche Bundesbank, Monatsbericht Januar 1999, S. 51-63
   (nicht über das Internet zu erhalten)

DEUTSCHE BUNDESBANK, Die neue Baseler Eigenkapitalvereinbarung (Basel II), Monatsbericht April 2001, S. 15-44
   (www.bundesbank.de/vo/download/mb/2001/04/200104mb.pdf)

HANDWERKSKAMMERN, Rating im Handwerk, Karlsruhe 2003
   (www.handwerk.de)

Literaturhinweise 151

IHK, Rating für den Mittelstand, Berlin 2003
(www.ihk.de)

3. Internet-Informationen

Die folgenden Internet-Seiten bieten Zugriff auf diverse Presseveröffentlichungen, Aufsätze und Stellungnahmen zum Thema Basel II und Rating. Insbesondere sind dort auch weitergehende Informationen zum Thema „externes Rating" zu finden.

KREDITANSTALT FÜR WIEDERAUFBAU:
www.kfw.de/DE/Research/Sonderthem68/BasellIRat45

DEUTSCHE AUSGLEICHSBANK:
www.dta.de; Stichwortsuche „Rating

HANDWERKSKAMMERN
www.handwerk.de; Stichwortsuche „Rating"

4. Bücher

BRAUN, P. / GSTACH, O., *Rating Kompakt*, Kognos Verlag, Augsburg 2002

EHLERS, H., *Basel II/Rating: Die Hausaufgabe für Mittelstandsunternehmer und ihre Berater*, Verlag Neue Wirtschaftsbriefe, Herne 2003

EVERLING, O. / BÜSCHGEN, H. E. (HRSG.), *Handbuch Rating*, Gabler Verlag, Wiesbaden 1996

FÜSER, K. / HEIDUSCH, M., *Der Steuerberater als Ratingberater*, Haufe Verlag, Freiburg 2003

GLEIßNER, W. / FÜSER, K., Basel II: *Rating-Strategien für den Mittelstand*, Verlag Vahlen, München 2003

HOSE, CH., *Rating und Kreditzinsen*, Deutscher Genossenschafts-Verlag, Wiesbaden 2002

HUNDT, I., *Rating als Chance für kleine und mittlere Unternehmen*, Verlag Vahlen, München 2003

KEINER, TH., *Rating für den Mittelstand*, Campus Verlag, Frankfurt 2001

KOCH, W. / WEGMANN, J., *Praktiker-Handbuch Rating*, Verlag Schäffer-Poeschel, Stuttgart 2003

KOLBECK, CHR. / WIMMER, R. (HRSG.), *Finanzierung für den Mittelstand*, Gabler Verlag, Wiesbaden 2002

NAGEL, K. / STALDER, J., *Rating*, Verlag moderne industrie, Frankfurt 2002

PRUSS, R. u. a., *Der Geschäftsplan*, Galileo Business, Bonn 2003

WAMBACH, M. / RÖDL, B., *Rating*, Frankfurter Allgemeine Buch, Frankfurt 2001

WEINHARDT, B., *Unternehmensfinanzierung mit dem Kapitaldienstleistungsgrad*, Gabler Verlag, Wiesbaden 2002

Stichwortverzeichnis

A

A.o. Aufwendungen/Erträge 69
Abhängigkeiten 86, 87
Abschreibungen 74
Abschreibungsdauer 74
Aktuelle Entwicklung 76, 77
Aufwendungen, sonstige 68
Ausfallwahrscheinlichkeit 30, 42

B

Bankaufsichtsrechtlicher
    Überprüfungsprozess 16, 20
Basel I 14
Baseler Ausschuss 13
Basisansatz, interner 19
Basisindikatoransatz 17
Beschäftigtenzahl 68
Beurteilungsgruppen 40
    Kriterien der 49
Beziehungen zur Bank 46, 57, 97
Bilanzanalyse 64
Bilanzoptische Maßnahmen
    Eigenkapitalquote 120
    Empfehlungen 126
Bilanzstichtag 121
Bilanzsumme 71, 121
Bilanzsummenkürzung 122
Bilanzverhältnisse 70
BIZ 13
Branchenkennzahlen 65
Branchenvergleich 64
Branchenverhältnisse 76, 90
Bürgschaft 94

D

Darlehnsbelassungserklärung 94, 96
Dauer der Kundenbeziehung 58
Depotverpfändung 99, 105
Drittverwendungsfähigkeit 101

E

Eigenkapital 70
Eigenkapitalberechnung für Banken ... 19
Eigenkapitalgrundsätze 14
Eigenkapitalquote 96, 105
    Einflussmöglichkeiten 120
Eigentumsvorbehalt 101
Einhalten von Absprachen 62
    Empfehlungen 128
Einhaltung vereinbarter Kreditlinien ... 59
Einlagen, ausstehende 70
Empfehlungen 125
Engagementrisikograd 42, 111
Entnahmen 71, 85, 108
Entnahmeverhalten 71, 72
Ertragsaspekt 25
Ertragsdruck 27
Ertragsplanung 79, 81, 140
    Formular 143
Ertragsverhältnisse 66
Externes Rating 29

F

Finanzierungslaufzeit 74
Finanzmanagement 75
Finanzstruktur 73
    Defizite 75
Firmenwert 70
Formalismus 131
Fortgeschrittener Ansatz 18
Fragenkatalog 45, 69, 118
Fristenkongruenz 73
Führungsqualität 50, 52

G

Gesamtverschuldung 74
Gesellschafterdarlehn 70
Gesprächsleitfaden 118, 148
Gewichtungen 46

Gleichbehandlung 108
    Empfehlungen 129
Goldene Bilanzregel 74
Grundpfandrechte 98, 100

H

Hard-Facts 40

I

Informationsverhalten 60
    Empfehlungen 128
Insolvenzwahrscheinlichkeit 30
Internes Rating 30

K

Kapitalausstattung 71
Kennzahlen
    Branchenvergleich 65
    relative Zahlen 64
    Vorjahre 65
Kennzahlenanalyse 45
Klassifizierungshinweise 45, 138
Kontoführung 58
    Empfehlungen 128
Kostenaspekt 24
Kostendruck 26
Kostenstruktur 67
Kredit, endfällig 107
Kreditkonditionen 131
Kreditlinien 59
Kreditwesengesetz 76
Kundenrisikograd 41, 91

L

Leasing 71, 102
Lebensversicherung 107
Lieferantenrechte 102
Liquidität 72
Liquiditätsplanung 79, 83, 144
    a.o. Aufwendungen/Erträge 85
    Abschreibungen 85
    Bilanzmaßnahmen 85
    Entnahmen/Einlagen 85

Formular 147
    Materialeinsatz 84
    Personalkosten 84
    sonstige Kosten 84
    Umsatzverteilung 83
    Zinsen 84
Liquiditätsüberschuss 73

M

Management 50
Managementqualifikation 39, 40, 49
    Auswirkungen auf 60, 78, 123
Marktstärke 86
Mindestkapitalanforderungen 16, 17

N

Nachfolgeregelung 50, 54
    Empfehlungen 127
Negativerklärung 94, 95
Notenbankfähigkeit 29, 32

O

Offenlegungspflicht 17, 21
Operationale Risiken 17

P

Personalkosten 67
Personalstruktur 53
Pfandrechte 98, 99
Planung
    a.o. Aufwendungen/Erträge 83
    Abschreibung 82
    Personalkosten 82
    sonstige Kosten 82
    Umsatz 81
    Zinsen 83
Planzahlen 79
    Empfehlungen 126
    Exkurs 81
Plausibilitätsprüfung 80
Privat gestellte Sicherheit 70, 104
Produktnutzen 86
Produkthaftungsrisiken 89

R

Rating
    Aufbau 39
    Aufgabe des Beraters 119
    Definition 35
    Durchführung 36
    extern 29
    Gesprächsleitfaden 118, 148
    intern 29, 30
    Reaktion 117
    Unterschiede 35
Ratingagentur 18, 29
Ratingformular 45, 46, 136
Rechnungswesen 55
    Empfehlungen 126
Risiken
    operationale 17
    Umfeld des Kreditnehmers 86, 89
Risikoaspekt 23
Risikobranche 90
Risikosteuerung 26
    Notwendigkeiten der 22
Rohertrag 67

S

Säulen nach Basel II 16
Schadensersatzforderungen 89
Sicherheiten
    Beleihung 106
    bewertbare 98
    Einfluss auf das Rating 111
    Gespräch mit der Bank 115, 119
    nicht bewertbare 94
    privat gestellte 70, 104
    Veräußerung 105
Sicherheitenbewertung
    Fahrzeuge 102
    Forderungsbestand 103
    Immobilien 100
    Kontoguthaben 99
    Maschinen 102
    Umlaufvermögen 103

    Warenlager 101
    Wertpapiere 99
Sicherheitenposition
    Beurteilung 93
Sicherungsabtretung 98, 102
Sicherungsübereignungen 98
Sicherungszweckerklärung 100
Soft-Facts 40
Standardansatz 18

T

Tilgungsersatz 107

U

Umfeld des Kreditnehmers 76, 86
Umsatz 66
Umweltrisiken 89
Unternehmenskonzept 50
    Empfehlungen 125
    Inhalt 50

V

Vergangenheit 39, 41
Vergangenheitsanalyse 64
Verschuldungsspielräume 75
Vertriebsstrukturen 86
Vorkommen von Negativmerkmalen .. 63

W

Warnsignale 63
Wertpapierbewertung 99

Z

Zeitnähe der Informationen 46, 76
Zinsen
    kurzfristige 85
Zinsergebnis 68
Zukunft 39, 41, 75
Zukunftsaussichten 77, 79
Zurückhaltende Kreditgewährung 131
Zwischenzahlen 77, 78
    Fristen 77

Der Autor

Michael Prümer, Bankfachwirt, war 24 Jahre für die Deutsche Bank AG tätig. Als Firmenkundenbetreuer, Leiter einer Kreditabteilung und als Filialdirektor hat er die Schwierigkeiten mittelständischer Unternehmen, sich Banken gegenüber darzustellen, hautnah erlebt. Insbesondere bei der Einführung eines Planungsinstrumentariums für Unternehmen wirkte er als Referent in der bankinternen Ausbildung mit. Seit Ende der 80er Jahre wurden seine Kreditentscheidungen von den ersten Ratingversuchen und ihren folgenden Verfeinerungen begleitet.

Als selbständiger Berater gibt er heute seine Erfahrungen an mittelständische Kreditnehmer weiter, um ihnen vor vermeidbaren Fehlern im Kreditgeschäft der Banken zu helfen. Er unterstützt seine Mandanten in der Vorbereitung des Bankengespräches, dem Aufbau eines effizienten Informationswesens gegenüber Banken und darin, sich auf das Rating einzustellen.

Gleichzeitig übernimmt er damit die oft fehlende Funktion eines neutralen, aber kritischen Gesprächspartners in Controllingfragen, zur strategischen Weiterentwicklung des Geschäftes und zu finanziellen – privaten wie auch geschäftlichen – Problemstellungen.

Adresse:
Steinstrasse 50
32547 Bad Oeynhausen

E-Mail: beratung@m-pruemer.de

MIX
Papier aus verantwortungsvollen Quellen
Paper from responsible sources
FSC® C105338

If you have any concerns about our products,
you can contact us on
ProductSafety@springernature.com

In case Publisher is established outside the EU,
the EU authorized representative is:
**Springer Nature Customer Service Center GmbH
Europaplatz 3, 69115 Heidelberg, Germany**

Printed by Libri Plureos GmbH
in Hamburg, Germany